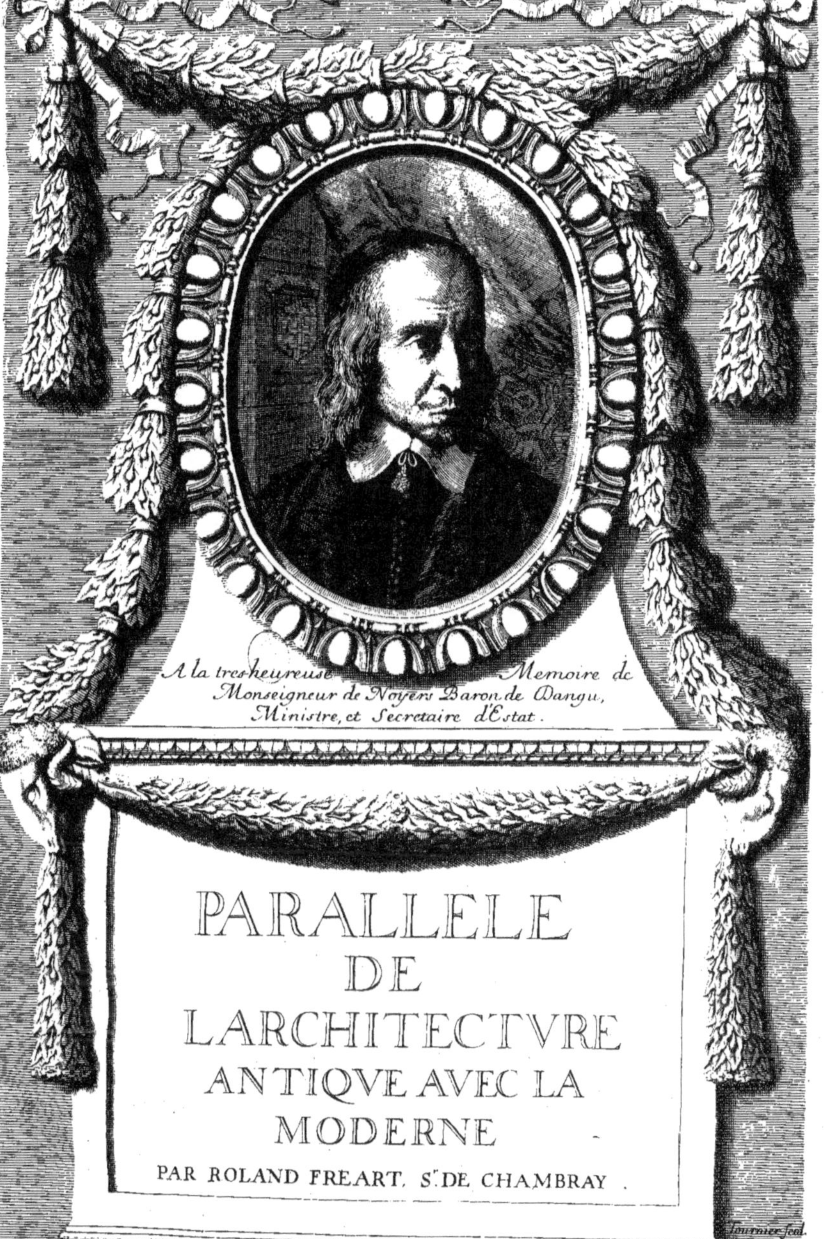
A la tres heureuse Memoire de
Monseigneur de Noyers Baron de Dangu,
Ministre, et Secretaire d'Estat.
PARALLELE
DE
LARCHITECTVRE
ANTIQVE AVEC LA
MODERNE
PAR ROLAND FREART, S.r DE CHAMBRAY.
Tournier fecit.

PARALLELE
DE L'ARCHITECTVRE ANTIQVE ET DE LA MODERNE:

AVEC VN RECVEIL DES DIX PRINCIPAVX AVTHEVRS qui ont écrit des cinq Ordres;

Sçauoir,

PALLADIO ET SCAMOZZI, SERLIO ET VIGNOLA,
D. BARBARO ET CATANEO, L. B. ALBERTI ET VIOLA,
BVLLANT ET DE LORME.

comparez entre eux.

Les trois ordres Grecs, le DORIQVE, l'IONIQVE & le CORINTHIEN, font la premiere partie de ce Traitté:

Et les deux Latins, le TOSCAN & le COMPOSITE, en font la derniere.

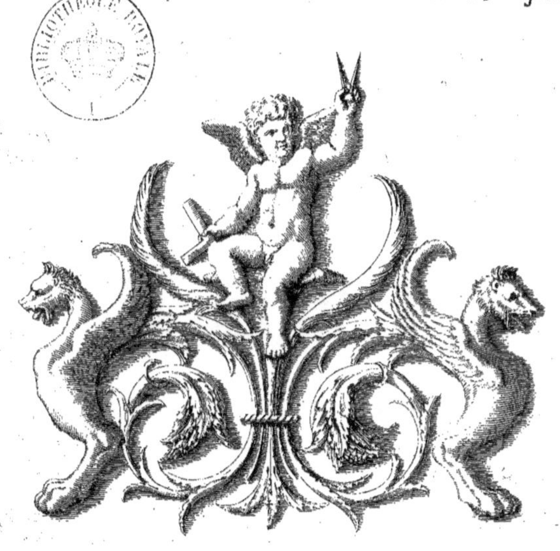

A PARIS,
De l'Imprimerie d'EDME MARTIN, ruë S. Iacques, au Soleil d'or.

M. DC. L.

AVEC PRIVILEGE DV ROY.

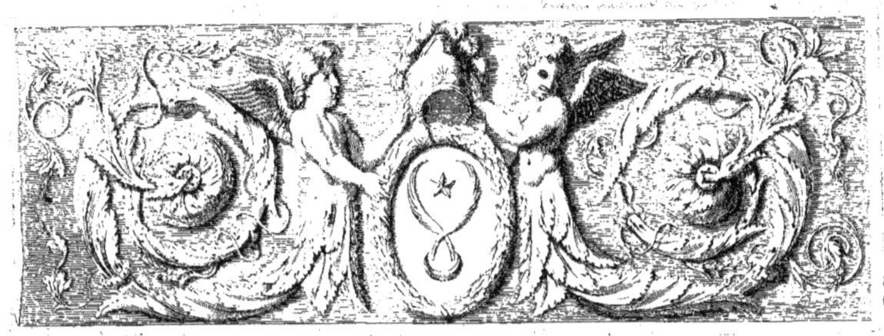

A MES TRES-CHERS FRERES

IEAN FREART

ESCVYER SIEVR DE CHANTELOV
CONSEILLER DV ROY
ET COMMISSAIRE PROVINCIAL EN CHAMPAGNE
Alſace Lorraine & Allemagne.

ET

PAVL FREART

ESCVYER SIEVR DE CHANTELOV
CONSEILLER
ET MAISTRE D'HOSTEL ORDINAIRE DV ROY.

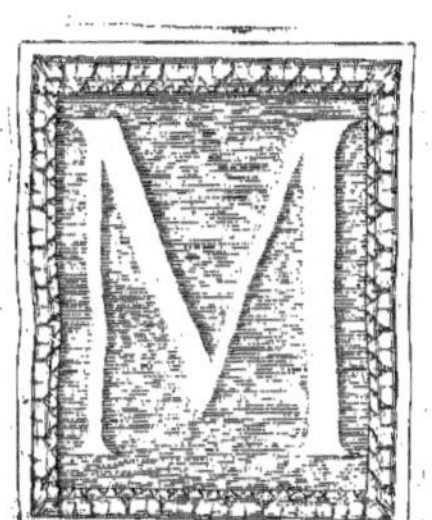

ES TRES-CHERS FRERES,

Vous auez voulu que i'aye mis la derniere main à ce Traitté de l'Architecture antique comparée auec la moderne, que i'auois laiſſé entierement & tout effacé de mon eſprit, depuis la mort de Monſeigneur De Noyers, à qui ie l'auois voüé, comme au Mecenas du ſiecle, & particulierement encore parce qu'il eſtoit le vray Autheur de ce liure, que ie n'entrepris que par ſon ordre, & pour luy ſeruir de quelque entretien dans ſa ſolitude de Dangu, où il agrea & deſira meſme que ie le ſuiuiſſe aprés ſa retraite de la Cour, pour y iouïr auec luy d'vne douceur & d'vne tranquillité de vie, que nous ne connoiſſions point durant ſon Miniſteriat. Mais ce bien-heureux loiſir, dont vous me felicitiez ſi ſouuent, fut bien-toſt interrompu par ie ne ſçay quel mauuais genie, & par vne mort intempeſtiue & precipitée, qui vint eſteindre ce flambeau de la Vertu. En cette perte qui nous a eſté commune, mes tres-chers Freres, puis que nous auions tous trois l'honneur d'eſtre à luy par nos ſeruices & par la naiſſance, i'ay eu l'affliction particuliere d'estre present à ce triste obiect, & de le voir de mes propres yeux. Ce qui m'a donné matiere de faire vne bonne reflexion sur la vanité & la volubilité des fortunes de la Cour, dont ie suis presentement bien desabusé: car considerant qu'vn si rare personnage, le plus grand Ministre, le plus desinteressé, le plus laborieux, le plus effectif, d'vne probité si extraordinaire & si esprouuée, si vniuersel en toutes sortes d'excellentes qualitez, & en vn mot si vnique; aprés les seruices de vingt années dans les premieres charges de l'Estat; qu'vn Suiet d'vn si grand merite soit venu finir sa vie à la campagne comme vn exilé; Ie confesse, mes tres-chers Freres, qu'en cette pensée tout me paroist si caduc & si inquiet dans les grandeurs, que ie trouue la retraite des disgraciez (pourueu qu'ils soient gens de bien) infiniment preferable à leur Faueur. Si le merite & les seruices considerables pouuoient establir & affermir pour tousiours vn homme à la Cour, & estre vn rempart contre l'enuie & la ialousie, qui sont les ennemies immortelles, & les pestes de la Vertu, lesquelles regnent malheureusement en ce lieu-là; feu Monseigneur De Noyers estoit tres-digne d'acheuer ses iours glorieusement en ses hauts emplois, veu qu'il a plus fait de choses luy seul en moins de dix ans, que tous ses predecesseurs ensemble depuis cent années; soit qu'on ait esgard aux ouurages necessaires au repos & à la conseruation de l'Estat, soit qu'on veüille seulement considerer ceux de la splendeur & de la magnificence du Royaume. Mon dessein n'est pas de vous les conter icy pour vous les apprendre, puis que vous les sçauez mieux que ie ne fais; neantmoins afin d'en laisser quelque memoire au public, i'en vais remarquer vne partie. On peut dire en general que de son temps il auoit porté tous les beaux Arts au plus haut degré de perfection qu'on eust iamais veu en France; l'Architecture ciuile & la militaire, la Peinture, la Sculpture, & l'Imprimerie qu'il auoit renduë royale la logeant au Louure, dont les premieres productions furent non seulement des chefs-d'œuures sans parangon, mais pour ainsi dire des Bibliotheques entieres; car en deux années il en sortit soixante & dix grands Volumes, en Grec, en Latin, en François, & en Italien: par vne seule partie desquels on pourra iuger du reste, c'est le recueil general de tous les Conciles, mis en trente-sept volumes, qui est le plus beau, le plus vtile, & le plus royal ouurage qui ait esté mis au iour iusques à cette heure. Cette noble Estampe fut accompagnée d'vne autre tres-riche, ie veux dire de la nouuelle monnoye, que Monseigneur De Noyers plaça aussi dans le mesme appartement du Louure, afin de les allier ensemble, comme les deux plus vniuersels & les plus durables monumens des Regnes, lesquels s'espandent parmy toutes les Nations, & s'y conseruent durant vne tres-longue suite de siecles. L'abus excessif qui se trouua dans les années 1638. & 1639. au titre & au poids de la plus grande partie des monnoyes de ce Royaume & des estrangers, lesquelles auoient esté presque toutes alterées & défigurées: pour estre corrigé eut besoin necessairement de cét homme singulier, dont l'affection & le zele au bien public estoient extraordinairement effectifs: mais comme on ne pouuoit pas y remedier sur le champ sans causer vn grand desordre dans le commerce, il sceut tirer vn auantage tres-notable pour l'Estat, & vn honneur tres-signalé pour le Roy, du mauuais cours qu'on fut obligé de laisser à ces monnoyes durant quelques temps. C'estoit vn trait d'vne rare politique, de permettre, & mesme d'authoriser par vn Edict, cét abus qu'on ne pouuoit empescher si-tost, veu que cependant cela conuioit les peuples des Estats voisins, par l'esperance du gain, de faire passer en France tout l'or & l'argent leger qu'ils auoient; qui y demeura par le décry qu'on en publia peu de mois aprés, & qui maintenant, par le noble conuertissement qu'il en fit faire, porte les armes de France, auec le nom & l'image de Louis le Iuste. Pendant que cette matiere estrangere se venoit ioindre à la nostre, il rechercha & descouurit des moyens prompts & faciles de luy donner la forme excellente qu'elle a auiourd'huy, pour guerir en mesme temps, par vn seul remede, le mal à venir & le present tout ensemble: aussi voyons-nous que sa rondeur iuste & égale, le grenetis qui est à l'entour, & le poly qui est sur le plat de chaque piece, la defendent non seulement du cizeau, de la lime, & des eaux fortes, mais rendent encore son imitation comme impossible aux faux-monnoyeurs; si bien qu'on peut dire de cette nouuelle monnoye, qu'elle est & la plus artiste & la plus commode qui ait iamais esté mise dans le commerce. Il en fit battre en moins de quatre ans plus de six vingts millions, aprés quinze ou seize années de guerre, lors que tout l'Estat sembloit deuoir estre presque espuisé, par les grandes & continuelles despenses qu'on faisoit incessamment aux fortifications des places, à l'entretien des armées, & à l'assistance des alliez de cette Couronne. Au mesme temps on voyoit croistre le Louure, & la royale maison de Fontainebleau, qui doit aux soins de ce grand Ministre, non seulement vne partie de ses ornemens, mais encore sa conseruation & restauration entiere; parce que sans luy elle ne seroit plus maintenant qu'vne grande ruine, & vn cadavre de bastiment desolé & inhabitable. Les chasteaux de S. Germain & de Versaille, qui estoient alors & la demeure ordinaire & les delices du Roy, portent aussi quelques marques de la mesme main; le premier, par la construction du plus beau Manege qui soit en France; auec plusieurs autres commoditez necessaires au logement d'vne Cour royale; & l'autre, d'vne Terrasse de Gresserie, qui est vn tres-rare ouurage de cette espece, auec vn Rondeau de soixante toises de diametre. Mais en s'acquittant si dignement de la charge de Surintendant des maisons royales & des bastimens de France (dont il auoit pleu au Roy de le gratifier depuis quatre ou cinq années) il employoit au mesme temps ses principaux soins à la seureté & à l'agrandissement du Royaume; donnant tous les ordres necessaires aux armées de terre & de mer, pouruoyant aux munitions & aux garnisons des places, & à vne bonne partie des Prouinces. Or comme l'vtile & le necessaire sont preferables à la splendeur & à la magnificence, il auoit commencé par l'Architecture militaire, la faisant marcher deuant la ciuile. Toutes les frontieres sont pleines de ses ouurages: comme en Picardie, la Porte royale de Calais, composée des deux plus grands bastions de massonnerie, les plus reguliers & les plus beaux qui soient dans l'Europe; toutes les fortifications d'Ardres; la pluspart des bastions de Peronne, de S. Quentin, de Han, de la Fere, de Dourlans, d'Amiens, de Montreüil, principalement vn ouurage à corne de massonnerie, d'vne beauté & d'vne grandeur extraordinaire; & la demie-lune d'Abbeuille, où les habitans n'ayant pû luy faire agréer qu'on y mist ses armes, en reconnoissance de cette grace qu'ils auoient receuë par son moyen (ce qu'il n'a iamais permis en aucun lieu où il ait basty, par vn sentiment d'honneur qu'il rendoit au Roy, & par vne modestie singuliere) ils y planterent deux rangs de noyers, afin d'auoir ce pretexte de l'appeller de son nom. En Champagne, la forteresse du mont Olympe, laquelle sert de citadelle à Charleuille: & plusieurs autres trauaux à Stenay, à Mezieres, à Mouzon, & à Rocroy.

En Lorraine, la citadelle de Nancy; les places de Vic, de Moyenuic, & de Marsal. En Normandie, le Havre de Grace, auquel, outre les fortifications de la place, il fit faire encore dans le port vn grand baßin de maßonnerie, de prés de cent toises de long, & de plus de soixante de large, pour y tenir les vaisseaux tousiours à flot; & Broüage dans les Isles de Xainctonge, qui sont deux clefs maritimes du Royaume. En Italie, Pignerole, & toutes les nouuelles fortifications de Cazal. Maintenant pour ce qui est des ouurages de Peinture & de Sculpture, qui sont comme les deux sœurs de l'Art dont ie vais traitter icy: ce seroit vn long discours de les particulariser l'vn aprés l'autre; outre qu'on ne le peut faire sans quelque honte à nostre nation, de laquelle on auroit suiet de croire, en voyant la cessation de tant d'excellentes choses, qu'elle n'auoit qu'vn seul homme qui fust capable de ces belles productions. Il suffira donc de dire generalement, que le Louure estoit le centre des Arts, & qu'il s'alloit rendre en peu d'années par leur concours, le plus noble & le plus superbe edifice du monde. Ce fut pour ce grand dessein, & pour la decoration des autres maisons royales, que l'Illustre Monsieur le Poußin eut la gloire d'estre mandé par le Roy au commencement de l'année 1640. En ce temps-là feu Monseigneur De Noyers nous dépescha vous & moy, mon tres-cher Frere, vers sa Saincteté pour vne affaire importante, auec ordre à nostre retour d'ouurir le chemin de France à tous les plus rares vertueux de l'Italie; & comme il estoit leur calamite, il nous fut aisé d'en attirer vn grand nombre auprés de luy, dont le coryphée estoit ce fameux & vnique Peintre Monsieur le Poußin, l'honneur des François en sa profeßion, & le Raphaël de nostre siecle. Pour le mesme effect nous apportasmes vne grande diligence à faire former & à ramasser tout ce que le temps & l'occasion de nostre voyage nous pût fournir des plus excellents antiques, tant d'Architecture que de Sculpture; dont les principales pieces estoient deux grands chapiteaux, l'vn d'vne colonne, & l'autre d'vn des pilastres angulaires du dedans de la Rotonde, que nous choisismes comme les plus beaux modeles Corinthiens qui soient restez de l'antiquité: deux medailles d'onze palmes de diametre tirées de l'Arc de triomphe de Constantin; soixante & dix bas-reliefs de la colonne Traiane; & beaucoup d'autres d'histoires particulieres; quelques-vns desquels furent mis en bronze dés l'année suiuante: d'autres furent employez en maniere d'incrustation au compartiment de la voute de la grande gallerie du Louure, auquel Monsieur le Poußin les introduisit ingenieusement & auec beaucoup d'adresse & de consideration, pour se conformer à la demande que l'on luy fit d'vn dessein, non pas le plus magnifique ny le plus superbe qu'il peust composer, mais d'vn ornement dont l'execution fust prompte, & d'vne dépense moderée, eu esgard au temps, & à l'humeur impatiente de nostre nation. Et vn peu de temps aprés que vous retournastes, mon tres-cher Frere, pour faire benir au Pape les deux couronnes de diamans, & l'enfant d'or porté par vn Ange, que leurs Maiestez vous enuoyoient presenter à Nostre Dame de Lorette, en reconnoissance & pour les actions de graces qu'elles rendoient à la Vierge, de la tres-heureuse & presque miraculeuse naissance de leur Dauphin le Roy regnant auiourd'huy, vous continuastes à faire former plusieurs figures & bas-reliefs, particulierement la Flora & le Hercule du Palais Farnese, duquel il y a presentement vn iect à Paris; deux autres medailles du mesme Arc de Constantin; & les deux Colosses de Montecaual auec leurs cheuaux, qui sont les plus grands & les plus celebres ourages de l'Antiquité, que

Monseigneur De Noyers auoit dessein de faire ietter en bronze pour les placer à la principale entrée du Louure. Vous vistes l'éclat que tout ce grand appareil faisoit dans Rome, & comme vn chacun s'émerueilloit que les François, qui ne s'estoient auparauant signalez que par leur valeur, & leur courage inuincible dans la guerre, & n'auoient aimé de tous les Arts que le Militaire, fissent paroistre alors tant de passion pour ceux-cy, qui portent le nom de beaux par prerogatiue sur les autres; comme si le Ciel de France eust nouuellement changé, & que Mercure en concurrence de Mars commençast d'y verser aussi ses influences. Pour moy ie seray témoin que le bruit s'en espandit iusques à Constantinople, où la Renommée porta le nom de Monseigneur De Noyers auec tant de gloire, que le Patriarche de cette ville fameuse luy en écriuit des lettres pleines d'vne grande admiration, lesquelles il adressa à Monsieur de Villeray, Noble Athenien, Resident en France pour le Duc de Parme, qui les fit tenir à Monseigneur à Dangu, depuis sa retraite de la Cour, où ie les ay euës & gardées long-temps, & leuës à plusieurs de mes amis. Elles portoient principalement, que c'estoit vne nouuelle auparauant inoüye, que parmy nostre Nation il se fust troué vn grand Vizir si parfait en tant d'excellentes choses; dont quelques eschantillons qu'il en auoit veus luy persuadoient aisément toutes les autres merueilles qu'on disoit de luy. (Ces eschantillons estoient les liures de l'Imprimerie Royale, & quelques pieces de la monnoye.) Sa lettre estoit assez longue, & écrite d'vn meilleur stile que le grec vulgaire qui se parle maintenant en ces pays-là. Ce seroit dommage qu'vne chose si singuliere & si memorable demeurast enseuelie dans l'oubly; c'est pourquoy ie la remarque auec plus de circonstances que beaucoup d'autres. Mais pendant ces grands proiets, il arriua vne estrange reuolution, qui changea en moins de six mois toute la face de l'Estat, par la mort du Ministrissime le Grand Cardinal De Richelieu, la colonne & l'ornement de la Monarchie; & à quelque temps de là, par la retraite de Monseigneur De Noyers: & incontinent aprés, pour vn dernier comble de desolation, par la perte que la France fit du Roy mesme: de sorte que tous ces beaux commencemens n'eurent point de suite, ne s'estant troué personne de ceux qui entrerent au maniement des affaires, qui, auec les affections, eust les connoissances & les talens necessaires pour la continuation de ces grands desseins. On vid aussi-tost le trauail du Louure abandonné, l'ourage de la grande gallerie cessé, & generalement toutes les fortifications de France, sans esperance d'y voir remettre la main de long-temps; estant necessaire pour cela de trouuer vnies & assemblées en vne mesme personne, comme on a veu en Monseigneur De Noyers, des vertus & des qualitez trop rares, & trop extraordinaires: Aussi pour en former vn pareil, d'vn genie & d'vne capacité vniuerselle, qui aime les Arts auec connoissance, & qui les cultiue, qui mesprise son propre interest pour conseruer celuy de l'Estat & du public, qui dans vne authorité & vne faueur extreme, gardant tousiours la modestie d'vn particulier, ne songe point à establir sa maison, & contre les sentimens ordinaires & si naturels à tous les hommes, refuse d'en augmenter les richesses, d'y mettre des titres & des dignitez, & qui ne veüille appliquer ses soins & tout son trauail, comme il a fait durant vn employ de vingt années, (aux six dernieres desquelles il a eu le maniement presque vniuersel des affaires de l'Estat) qu'à la seureté, à l'accroissement, & à la splendeur du Royaume, il faut pour vn semblable chef-d'œuure de la nature, les efforts de plusieurs siecles. La recompense de tant de vertus fut tres-petite du costé des hommes, mais grande & inestimable de la part de Dieu, qui couronna cette vie illustre d'vne tres-heureuse mort. Ie garde precieusement vn petit recueil de ce que dist ce sainct Courtisan, nostre tres-cher Maistre, pendant le cours de sa maladie, lequel fut dressé par son Directeur le Reuerend Pere de sainct Iure, qui l'assista iusques à la fin: & comme i'ay eu la triste consolation d'estre present à ce dernier acte de sa vie, & qu'il me souuient d'auoir ouy de sa bouche mesme tout ce qui est rapporté dans ce recit, ie ne le puis lire qu'auec beaucoup de tendresse, & presque des larmes. Il mourut en son chasteau de Dangu vn Vendredy 20. d'Octobre à vne heure aprés midy, l'année 1645. en la 56e de son âge, deux ans & demy aprés sa retraite de la Cour: & son corps fut apporté dans l'Eglise du Nouiciat des Iesuites, laquelle il auoit bastie à l'honneur de S. Xauier, & destinée pour sa sepulture. Cette Eglise est estimée la plus reguliere de Paris, & quoy qu'elle ne soit pas chargée de tant d'ornemens que quelques autres, elle paroist neantmoins fort belle aux yeux des intelligens, tout y estant fait auec vne entente extraordinaire. Ce qu'il y a d'excellent pardessus le reste est vn tableau d'vn des miracles de sainct Xauier, qui fut peint icy au mesme temps que cette admirable Cene des Apostres que feu Monseigneur fit mettre à l'Autel de la Chapelle royale du Chasteau de S. Germain, où les figures sont plus grandes que le naturel: ce sont deux ouurages de nostre Illustre Monsieur le Poussin & dignes de son pinceau, quoy que le premier ait esté peint auec vne grande precipitation & pendant l'hyuer.

Voyla, mes chers freres, vn petit crayon d'vne partie de la vie de Monseigneur De Noyers nostre tres-cher & tres-honoré defunct, ce precieux Genie de la France, non iamais assez loüé ny iamais assez regretté, qui est comparable aux plus grands exemples de l'antiquité. Ie l'ay voulu mettre icy à la teste de mon Liure, pour tesmoigner que ie n'ay point eu d'autre obiect en acheuant cet ouurage, dont il m'auoit fait l'honneur de me charger, que de rendre à sa memoire le mesme seruice & la mesme veneration que ie pourrois faire à sa personne s'il viuoit encore. Neantmoins dans la reprise que i'en ay faite à vostre priere, mon premier feu s'estant beaucoup alenty, ce qui m'estoit auparauant vne estude libre & diuertissante pendant la presence de feu Monseigneur mon Maistre, m'est deuenu vn trauail & vne contrainte; car il m'a fallu changer & retrancher mesme plusieurs particularitez, qui estoient pour lors fort essentielles à mon dessein, mais qui seroient maintenant tres-inutiles & hors de saison. Receuez donc, mes chers Freres, ce fragment de Liure tel qu'il est resté, & s'il y a quelque chose qui puisse estre encore considerable à des yeux intelligens & purgez comme les vostres, & que mes desseins vous semblent dignes d'auoir place parmy vos autres curiositez, ayez-en l'obligation toute entiere à nostre commun amy Monsieur Errard, qui s'est donné vn tres-grand soin de les faire executer, & non seulement m'a persuadé aussi bien que vous de les mettre au iour, mais de plus y a contribué de son trauail & de ses estudes.

De Paris le 22. de May 1650.

PRIVILEGE DV ROY.

LOVIS par la grace de Dieu Roy de France & de Nauarre : A nos amez & feaux Conseillers tenans nos Cours de Parlement, Maistres des Requestes ordinaires de nostre Hostel, Baillifs, Seneschaux, Preuosts, leurs Lieutenans, & tous autres nos Iusticiers & Officiers qu'il appartiendra, Salut. Nostre cher & bien amé ROLAND FREART sieur de Chambray nous a fait remonstrer qu'il auroit composé vn liure intitulé *Parallele de l'Architecture antique & de la moderne, auec vn recueil des dix principaux Autheurs qui ont escrit des cinq Ordres, &c.* Lequel liure il desiroit faire imprimer, s'il auoit sur ce nos Lettres necessaires, qu'il nous a supplié humblement luy vouloir accorder. A CES CAVSES, le desirant fauorablement traitter, nous luy auons permis & octroyé, & de nos graces speciales, pleine puissance & authorité Royale, permettons & accordons d'imprimer ou faire imprimer ledit liure en tel volume & charactere qu'il voudra, pour le mettre en vente & distribuer, & ce durant le temps de dix ans, à commencer du iour qu'il sera acheué d'imprimer, auec defenses à tous Imprimeurs, Libraires, tant de nos suiets, qu'estrangers, & toutes autres personnes de quelque qualité qu'ils soient, d'imprimer, ou faire imprimer, vendre, ou faire vendre & distribuer ledit Liure durant ledit temps, sous couleur d'autre marque, noms supposez, titre, epitome, extrait ou abregé, augmentation, correction, ou autre déguisement que ce soit, sans le consentement & permission dudit sieur de Chambray, ou de ceux qui auront charge & pouuoir de luy, à peine de trois mille liures d'amende, moitié à ceux qui auront droict de luy, l'autre aux Pauures de l'Hostel-Dieu de cette Ville, confiscation des exemplaires, & de tous despens, dommages & interests; à la charge d'en mettre deux exemplaires en nostre Bibliotheque publique, & vn autre en celle de nostre tres-cher & feal le sieur Marquis de Chasteau-neuf, Cheualier, Garde des Seaux de France, auant que de les exposer en vente, à peine de nullité du present Priuilege. Si vous mandons que du contenu en ces presentes, vous fassiez, souffriez, & laissiez ioüir ledit sieur de Chambray, & ceux qui auront droict & pouuoir de luy, pleinement & paisiblement; à ce faire souffrir & obeïr tous ceux qu'il appartiendra, nonobstant oppositions ou appellations quelconques : Voulons qu'en mettant au commencement ou à la fin dudit Liure l'extraict de ces presentes, elles soient tenuës pour deuëment signifiées, & qu'aux copies d'icelles collationnées par l'vn de nos amez & feaux Conseillers Secretaires, foy soit adioustée comme au present original: nonobstant aussi clameur de Haro, Chartre Normande, prise à partie, & autres choses à ce contraires: Car tel est nostre plaisir. Donné à Paris le trentiéme iour du mois d'Auril, l'an de grace mil six cens cinquante ; & de nostre Regne le septiéme. Signé, Par le Roy en son Conseil, CRAMOISY.

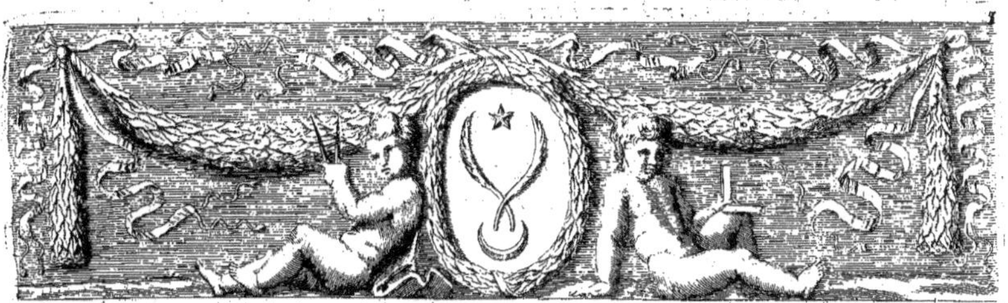

PARALLELE DE L'ARCHITECTVRE ANTIQVE AVEC LA MODERNE.

AVANT-PROPOS.

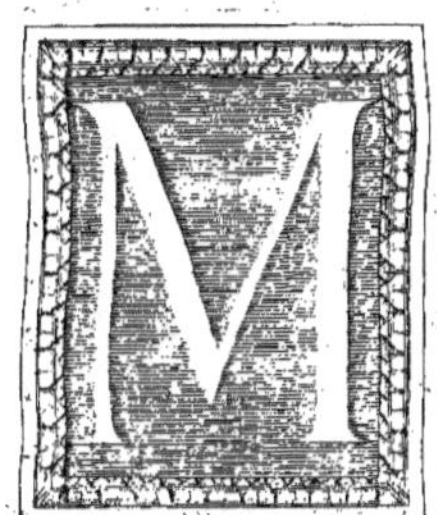

ON LECTEVR, auant que d'abandonner ce liure à ton iugement, ie veux t'aduertir que ce n'a point esté mon dessein en y trauaillant d'instruire personne, & moins encore de satisfaire aux esprits critiques dont ie sçay que le monde est plein: le public aussi ne m'en doit point sçauoir gré; ie n'ay aucune pensée de le vouloir obliger, il est enuieux & mauuais estimateur; en vn mot ne m'estant point proposé de contenter ces gens-là, il m'a esté bien facile de donner à mon trauail le succés que i'ay desiré; mon principal but estoit de me satisfaire le premier, ie n'y ay point eu de peine, quoy qu'il se rencontre quelquefois de certains esprits qui se font plus rudes & plus difficiles à eux-mesmes, qu'ils ne le seroient aux autres: mais pour moy ie n'en vse pas ainsi, nous auons tousiours d'ailleurs assez d'ennemis, & quoy que ie peusse faire ie m'attends bien que d'abord on dira de moy tout ce que la ialousie reproche ordinairement à la nouueauté: Que n'estant point artisan ce n'est pas mon faict de prescrire aux autres les regles de leur mestier; que ie n'apprens rien icy de particulier; que les liures d'où i'ay tiré tout ce que ie dis estans fort communs & beaucoup plus amples que le mien, il n'estoit point à propos de les effleurer ainsi; qu'il eust mieux valu chercher & produire quelque chose qui n'ait point encore esté veuë; que l'esprit est libre, & que nous auons autant de droict d'inuenter & de suiure nostre genie que les anciens, sans nous rendre comme leurs esclaues, veu que l'art est vne chose infinie qui se va perfectionnant tous les iours, & s'accommodant à l'humeur des siecles & des nations qui iugent diuersement, & definissent le Beau chacune à sa mode; & plusieurs autres semblables raisonnemens vagues & friuoles, qui font neantmoins grande impression sur l'esprit de certains demi-sçauants que la pratique des arts n'a point encore des-abusez, & sur les ouuriers simples qui n'ont leur mestier qu'au bout des doigts: mais il ne faut pas s'en rapporter à de tels arbitres. On en trouue d'autres, quoy que rarement à la verité, qui ayant bien establi leur premiere estude sur les principes de la Geometrie auant que de trauailler, arriuent aprés sans peine & asseurément à la connoissance de la perfection de l'art; ce n'est qu'à ceux-là que ie m'addresse, & à qui ie veux communiquer la pensée qui m'est venuë de separer en deux branches les cinq ordres de l'Architecture, & former vn corps à part des trois que nous auons eu des Grecs, le Dorique, l'Ionique & le Corinthien, qu'on peut appeller auec raison la fleur & la perfection des ordres, puis qu'ils contiennent non seulement tout le beau, mais encore tout le necessaire de l'Architecture, n'y ayant que trois manieres de bastir; la solide, la moyenne, & la delicate: lesquelles sont toutes parfaitement exprimées en ces trois ordres icy, & par consequent n'ont point besoin des deux autres, (le Toscan & le Composite) qui estans Latins & comme estrangers à leur égard, semblent en quelque façon d'vne autre espece, de sorte qu'estans meslez, ils ne font pas bien ensemble; ce que ceux à qui ie parle verront aussi-tost qu'ils se seront dépoüillez d'vn certain respect aueugle que l'ancienneté & le long vsage, mesme des plus grands abus, imprime ordinairement en *la pluspart des esprits*, & les preoccupe de telle sorte qu'ils ont aprés de la peine à s'en détromper, parce qu'ils deferent trop, & n'osent quasi examiner ce qui a esté receu par l'approbation commune depuis vn long-temps. Mais s'ils considerent qu'on ne trouue point d'exemple antique où les ordres Grecs soient employez parmy les ordres Latins, & de plus, qu'il a passé tant de siecles remplis d'ignorance, particulierement au faict de l'Architecture & de la peinture, que les guerres & les frequentes inondations des barbares dans le païs de leur origine auoient presque éteintes, & qui ne font que renaistre depuis peu d'années que ces grands modernes Michelange & Raphaël les ont comme déterrées des ruïnes de l'antiquité sous lesquelles ces pauures sciences demeuroient enseuelies; i'ay vne grande esperance de les voir de mon sentiment: Car ce n'est pas ma pensée d'aller à la noueauté, au contraire ie voudrois s'il estoit possible remonter iusqu'à la source des ordres, & y puiser les images & les idées toutes pures de ces admirables maistres, qui les auoient inuentez, & en apprendre l'vsage de leur propre bouche, parce que sans doute ils ont bien décheu à mesure qu'ils sont allez s'éloignant de leur principe, & qu'on les a comme transplantez chez les estrangers, où ils ont degeneré si notablement qu'ils seroient à peine reconnoissables à leurs autheurs. Car à confesser la verité, auons-nous raison de nommer encore Dorique, Ionique & Corinthien, ces trois pauures ordres, mal-traittez & défigurez qu'ils sont tous les iours par nos ouuriers? leur reste-t'il vn seul membre qui n'ait receu quelque alteration? à peine mesme trouueroit-on maintenant vn Architecte qui ne dédaignast de suiure les meilleurs exemples de l'antiquité; ils veulent tout composer à leur fantaisie, & pensent que l'imitation est vn trauail d'apprentif; que pour estre maistres il faut necessairement produire quelque noueauté: pauures gens qu'ils sont, de croire qu'en fantastiquant vne espece de corniche particuliere, ou telle autre chose, ils ayent fait vn ordre nouueau.

& qu'en cela seulement consiste ce qu'on appelle inuenter, comme si le Pantheon, ce merueilleux & incomparable edifice qu'on void encore auiourd'huy à Rome, n'estoit pas vne inuention de celuy qui l'a basty, parce qu'il n'a rien changé à l'Ordre Corinthien, dont il est entierement composé. Ce n'est pas dans le détail des parties qu'on void le talent d'vn Architecte, il le faut iuger à la distribution generale de son œuure. Les petits esprits qui ne peuuent arriuer à la connoissance vniuerselle de l'art, ny en embrasser toute l'estenduë, sont forcez de s'arrester là par leur impuissance, & rampent incessamment autour de ces minuties: aussi comme leur estude n'a point d'autre obiect, & qu'ils sont desia steriles d'eux-mesmes, leurs idées sont tellement basses & disgraciées, qu'elles ne produisent rien que des mascarons, de vilains cartouches, & de semblables grotesques ridicules & impertinentes, dont l'Architecture moderne est toute infectée. Les autres que la nature a mieux partagez, & qui ont vne plus belle imagination, voyent bien que la beauté veritable & essentielle de l'Architecture n'est pas simplement en chaque partie prise à part, mais qu'elle resulte principalement de la symmetrie, qui est l'vnion & le concours general de toutes ensemble, laquelle vient à former comme vne harmonie visible, que les yeux purgez & éclairez par l'intelligence de l'art considerent auec grand plaisir. Le mal est que ces beaux genies sont tousiours en fort petit nombre, au lieu que les ouuriers vulgaires fourmillent par tout. Si les grands vouloient se desabuser vn peu du mespris qu'ils font des arts, & de ceux qui s'y appliquent, & considerer la necessité qu'ils en ont eux-mesmes, particulierement de celui-cy, dont ie vais traitter; il y a grande apparence qu'on les verroit refleurir encore à present, & renaistre pour ainsi dire de nouueaux antiques. L'experience en est assez fraische sous le regne de François premier vn des plus illustres Roys de l'Histoire, qui par vn amour extraordinaire qu'il portoit à la vertu & aux grandes choses, peupla son Estat des plus rares personnages de son siecle, lesquels esleuerent de superbes monuments à la memoire de ce grand Monarque. C'est à mon aduis le seul remede pour restablir tous les arts en leur premiere splendeur, d'où le mépris les a fait décheoir. Les Grecs qui en furent les inuenteurs, & chez lesquels seuls ils ont peut-estre esté veus en leur perfection, les tenoient en vne si haute estime parmy eux, que les premiers de leurs Republiques en faisoient mestier, mais d'vne façon qui n'estoit point mercenaire; leurs ouurages se payoient d'honneur, & comme ils se proposoient la gloire & l'immortalité de leur nom pour recompense, ils ne faisoient que de grandes choses. Ce que nous lisons de cette nation seroit difficile à croire, si la foy de leurs autheurs n'estoit sans reproche, & qu'il ne restast encore auiourd'huy des marques visibles de ce qu'on nous en raconte. Il n'y a rien de recommendable au monde que ce diuin pays n'ait produit en toute excellence, les grands Capitaines, les Philosophes de toutes sectes, les Poëtes, les Orateurs, les Geometres, les Peintres & les Sculpteurs, les Architectes, & generalement tout ce qui porte le nom de Vertu est sorty de là. Voulons-nous bien faire, ne quittons point le chemin que ces grands maistres nous ont ouuert, & suiuons leurs traces, auoüant de bonne foy que le peu de ces belles choses qui a passé iusques à nous est encore de leur propre bien. C'est le suiet qui m'a conuié de commencer ce recueil par les Ordres Grecs, que ie suis allé puiser dans l'Antique mesme, auant que d'examiner ce qu'en écriuent les Autheurs modernes ; car les meilleurs liures que nous ayons sur cette matiere, ce sont les ouurages de ces vieux maistres qu'on void encore auiourd'huy en pied, la beauté desquels est si veritable & si vniuersellement reconnuë, qu'il y a prés de deux mille années que tout le monde l'admire. C'est là qu'il faudroit aller faire ses estudes, pour accoustumer les yeux & conformer l'imagination des ieunes gens aux idées de ces excellents esprits, qui estans nez parmy la lumiere & dans la pureté du plus beau climat de la terre, estoient si nets & si éclairez qu'ils voyoient naturellement les choses que nous découurons icy à peine, aprés vne longue & penible estude. Ie sçay qu'il est libre à vn chacun d'estimer ce que bon luy semble des arts mixtes, tels qu'est celui-cy, dont les principes estans seulement fondez sur l'obseruation & sur l'authorité des exemples, n'ont point de demonstration precise. C'est pourquoy ie me seruiray du priuilege que ie laisse aux autres d'en iuger comme il leur plaira: Pour moy ie remarque dedans les trois Ordres Grecs vne beauté si particuliere & si excellente, que les deux autres Latins ne me touchent point en comparaison; aussi le rang qu'on leur a donné, fait bien connoistre qu'il n'y auoit plus de place pour eux qu'aux extremitez, comme le rebut de part & d'autre. La rusticité & pauureté du Toscan l'ayant exilé des villes, & renuoyé aux maisons des champs, ne meritant pas d'entrer dans les Temples ny dans les Palais, il est demeuré tout le dernier & comme hors d'œuure. Quant à l'autre, qui veut encherir sur le Corinthien, & qu'on nomme Composite, il est encore à mon iugement plus déraisonnable, & me semble mesme indigne du nom d'Ordre, puis qu'il a esté la cause de toute la confusion qui s'est introduite dans l'Architecture, depuis que les ouuriers ont pris la licence de se dispenser de ceux que les Antiques nous auoient prescrits, pour en gotthizer à leur caprice vne infinité qui passent tous sous ce nom. Le bon Vitruue preuoyoit bien dés son temps le mauuais effect que ceux de la profession alloient faire naistre par l'amour de la nouueauté qui les emportoit desia au libertinage, & au mépris des regles de l'art qui deuoient estre inuiolables; tellement que c'est vn mal enuieilly qui va tous les iours encore empirant, & est quasi sans remede. Neantmoins si nos Modernes vouloient donner quelques bornes à leur licence, & demeurer és limites de l'Ordre Romain, qui est le vray Composite, & qui a ses regles aussi bien que tous les autres; ie n'y trouuerois rien à redire, puis qu'on en void des exemples parmy les vestiges des siecles les plus fleurissans, comme celuy de Titus Vespasianus, auquel le Senat, aprés la prise de Ierusalem, fit eriger vn Arc de triomphe magnifique qui est de cet Ordre: mais il ne faut l'employer que bien à propos & tousiours tout seul; c'est ainsi qu'en ont vsé ses Inuenteurs, qui connoissans bien son foible en le comparant aux autres, fuyoient de le mettre en parangon auec eux. Nos Architectes n'ayant pas eu cette consideration, sont tombez souuent dans vn erreur qui n'a point d'excuse, de faire poser le fort sur le foible. Scamozzi est le premier qui en a parlé dans son traitté des cinq Ordres, où il donne au Corinthien la plus haute place. Toutesfois pour éuiter toute sorte de contestation, ie trouue plus seur de ne les mesler iamais ensemble, puis que les Antiques ne l'ont point fait: quoy que

Philibert de Lorme, & Sebastien Serlio pensent tous deux l'auoir veu au Colisée, & qu'ils en rapportent mesme le dessein pour estre l'exemple de leur Ordre Composite. Mais ils ont fait vne obseruation tres-fausse, car ce sont deux Corinthiens l'vn sur l'autre; & quoy que dans le dernier, qui fait le couronnement de ce grand colosse de bastiment, la corniche ne ressemble point à l'autre, & qu'elle soit fort particuliere, les chapiteaux neantmoins sont d'vn mesme ordre, & Scamozzi n'a pas oublié de le remarquer. Cela nous doit auertir de ne croire pas legerement ce que les liures nous disent quand on a moyen d'aller à la source s'éclaircir mieux de la verité : car souuent aprés auoir bien examiné les desseins de diuers maistres sur mesme suiet, & fait vn calcul exact des mesures qu'ils en donnent, on les trouue assez rarement d'accord entre eux, quoy qu'ils disent tous les auoir soigneusemēt obseruez. Mais pour ne blesser personne, puis qu'vn chacun fait le mieux qu'il peut, & que nous auons tousiours de l'obligation à ceux qui nous ont communiqué leurs estudes; ie n'en veux point rapporter d'exemples: il suffit d'auoir auerti de s'en prendre garde : ceux qui auront la curiosité d'en faire la preuue, qui ne sera pas sans fruict, trouueront d'abord assez de difficulté dans la confusion des differentes manieres de ces Architectes, qui, au lieu de trauailler sur la raison du module des colonnes, qui est la methode naturelle & particulierement affectée aux proportions de l'Architecture, sont allez vser de palmes, de pieds, & d'autres mesures generales comme auroient fait de simples maçons, lesquelles embroüillent si fort l'imagination, qu'il est assez malaisé de s'en démesler, & font perdre bien du temps à les rapporter enfin à l'eschelle du module, sans quoy toutes leurs recherches demeureroient inutiles. C'est à cela principalement que i'ay tasché d'apporter remede, reduisant tous les desseins de ce liure à vn module, commun, qui est le demidiametre de la colonne, diuisé en trente minutes, afin d'approcher de la precision tant qu'il est possible : ce que peut-estre la pluspart des ouuriers n'approuueront point d'abord, n'estans pas accoustumez à rechercher si exactement les choses de leur mestier. Ie veux neantmoins, pour preuenir leur censure, les renuoyer aux escrits d'*André Palladio* & de Scamozzi, les deux plus grands maistres que nous ayons de la profession; lesquels en leurs traittez des cinq Ordres, prenans le diametre entier pour module, luy ont donné soixante minutes, qu'ils subdiuisent encore souuent en moitiez, en tiers, & en quarts, selon qu'ils le iugent necessaire, comme on trouuera dans ce recueil où i'ay rapporté ponctuellement leurs desseins l'vn en parangon de l'autre, par vne methode si facile, qu'en vn instant on peut voir en quoy & de combien ils sont differents entre-eux: tellement que par le moyen de cette comparaison chacun a la liberté d'en faire choix à sa fantaisie & de suiure lequel il voudra des Autheurs que ie propose, parce qu'ils sont tous dans l'approbation commune. Mais pour n'y proceder pas à la legere, & pour en faire vne élection iudicieuse, il faut estre bien instruit auparauant des principes de l'Architecture, & auoir fait quelque estude sur les Antiques, qui sont la regle de l'art. Ce n'est pas que tous les Anques indifferemment soient à imiter, au contraire il y en a peu de bons, & grand nombre d'autres. Ce qui a produit cette varieté confuse de nos Autheurs, qui traittans des Ordres & de leurs mesures, en ont parlé fort diuersement. C'est pourquoy i'estime qu'il est tousiours plus certain d'aller à la source, & suiure precisément les modenatures & les proportions des edifices antiques, qui ont le consentement & l'approbation vniuerselle de ceux de la profession; comme à Rome le theatre de Marcellus, le temple de la Rotonde, les trois colonnes prés le Capitole, & quelques autres semblables dont ie feray voir icy les profils sur chacun des Ordres, & en suite ceux des Architectes modernes, afin qu'en les confrontant à ces beaux exemples qui sont les originaux de l'art, on vienne à les esprouuer comme à la pierre de touche: ce que i'ay fait auec grand plaisir en trauaillant à cét œuure icy, & qu'vn chacun pourra faire maintenant aussi bien que moy, & à meilleur compte de tout le temps que i'ay employé à en ouurir le chemin. Voila, mon Lecteur, ce qu'il est bon que tu sçaches touchant mon trauail, pour en pouuoir faire vne estimation sincere & iudicieuse.

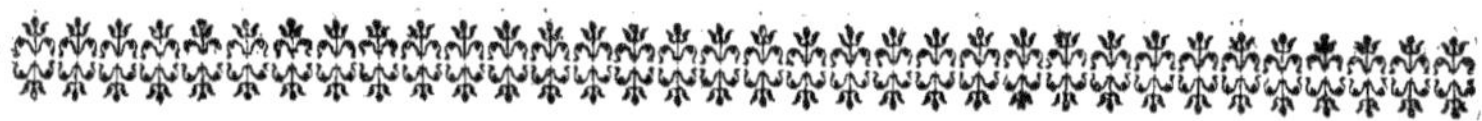

PREMIERE PARTIE.

DES ORDRES EN GENERAL.

CHAPITRE I.

IL est assez difficile de determiner precisément ce que le nom d'Ordre signifie chez les Architectes, quoy qu'il soit tres-necessaire de le bien entendre. De tous les modernes qui ont écrit des cinq Ordres, il n'y a que Scamozzi qui ait pensé à en donner la definition: elle est au 1. chap. de sa 2. partie, page 2. ligne 42. où il dit, Que c'est vn certain genre d'excellence qui accroist beaucoup la bonne grace & la beauté des edifices sacrez ou profanes. Mais à mon auis il eust mieux valu s'en taire comme ont fait les autres, que d'en parler en termes si vagues & auec si peu de solidité. Le pere Vitruue au 2. chap. l. 1. l'appelle Ordonnance, & ce nom est maintenant beaucoup en vsage parmy les peintres, quand ils veulent exprimer l'elegante composition d'vn tableau, ou la distribution des figures d'vne histoire, ils disent que l'Ordonnance en est belle: neantmoins ce n'est pas encore exactement l'intention des Architectes, & Vitruue s'efforçant de nous l'expliquer, adiouste que c'est vne commodité ou dispensation reguliere des membres de l'œuure separément, & vne comparaison de toute la proportion à la symmetrie. Peut-estre qu'vn autre plus subtil & plus penetrant que ie ne suis, découurira le mystere de ces paroles que ie n'entens point: c'est pourquoy ie les ay ainsi traduites du texte Latin, tout simplement mot à mot, afin de les proposer auec plus de naïfueté à ceux qui en voudront faire leur profit. Daniel Barbaro, qui nous a donné sur cét Autheur deux excellents commentaires, s'est fort trauaillé à éclaircir ce passage qui n'est pas encore sans difficulté. Philander, au mesme chapitre, a trouué plus court de n'en parler point, & s'est amusé à d'autres choses bien moins necessaires. Tellement que pour sortir de ce labyrinte, il faut venir au détail, & considerer la chose materiellement par chacune de ses parties, afin qu'elle touche dauantage l'imagination, & nous forme distinctement son idée, qui est ce que nous deuons chercher ; car l'Architecture ne consiste pas en des paroles, sa demonstration doit estre sensible & oculaire. Il est constant entre tous ceux du mestier, que la principale piece d'vn ordre c'est la colonne, & que son entablement estant posé sur le chapiteau, c'en est la composition entiere. Si donc nous voulons le definir exactement, & en donner vne intelligence bien expresse, il en faut faire comme vne maniere d'anatomie, & dire que la colonne auec sa base & son chapiteau couronnée d'vn architraue, frize & corniche, forme cette espece de bastiment qu'on appelle vn ordre, puis que cela se rencontre generalement & de mesme suite en tous les ordres, dont la difference ne consiste qu'en la proportion de ces parties & en la figure de leurs chapiteaux. Ils ont bien encore quelques ornemens particuliers, comme les triglifes au Dorique, les denticules à l'Ionique, & les modillons au Corinthien : mais cela n'est pas de si grande obligation, que les Antiques les plus reguliers ne s'en soient souuent dispensez, car les ornemens ne sont qu'accessoires dans les ordres, & s'y peuuent introduire diuersement selon l'occasion, principalement au Corinthien, où les Architectes ayant à representer vne beauté feminine & virginale, comme nous pouuons iuger par ce que Vitruue nous raconte de Callimacus au 1. chap. de son 4. liure, ne doiuent rien épargner de ce qui peut embellir & perfectionner vn œuure, & les Antiques nous ont donné tant d'exemples de cet ordre, esquels ils ont fait vne profusion d'ornemens si excessiue, qu'on diroit qu'ils ont voulu s'en épuiser l'imagination pour en combler ce chef-d'œuure de l'Architecture. Neantmoins il n'en va pas de mesme des autres, où la beauté doit estre plus masle, & sur tous à l'ordre Dorique, la solidité duquel repugne aux ornemens delicats, de sorte qu'il reüssit mieux dans la simple regularité de ses proportions : les bouquets & les guirlandes ne siéent point à Hercule, il est plus paré d'vne massuë toute raboteuse : car il y a des beautez de plusieurs especes, & souuent si dissemblables, que ce qui conuient à l'vne est contraire à l'autre. Pour l'ordre Ionique, il est au milieu des deux extrémes, & tient comme la balance entre la solidité Dorique, & la gentillesse Corinthienne : c'est pourquoy nous le trouuons diuersement employé dans les bastimens antiques, quelquesfois assez orné, d'autresfois plus simple, selon le genie de l'Architecte, ou la qualité de l'edifice. Tellement que ces trois ordres fournissent toutes les manieres de bastir, sans qu'il soit besoin de recourir au Toscan ny au Composite, que i'ay tous deux reseruez exprés sur la fin de ce traitté, & détachez de ceux-cy comme supernumeraires & presque inutiles : car l'excellence & la perfection d'vn art ne consiste pas en la multiplicité de ses principes ; au contraire les plus simples & en moindre quantité le doiuent rendre plus admirable : ce que nous voyons en ceux de la Geometrie, qui est cependant la base & le magazin general de tous les arts, d'où cetui-cy a esté tiré, & sans l'aide de laquelle il est impossible qu'il subsiste. Nous pouuons donc bien conclure que les ordres n'estans que les elements de l'Architecture, & ces trois premiers que nous auons eus des Grecs, comprenans toutes les especes de bastimens, il est superflu d'en vouloir encore augmenter le nombre.

DE L'ORDRE DORIQVE.

CHAPITRE II.

CE n'est pas vne petite recommendation pour l'ordre Dorique, de monstrer qu'il a esté la premiere idée reguliere de l'Architecture, & que comme fils aisné de cette reyne des arts, il a eu l'honneur aussi d'estre le premier à bastir des temples & des palais. L'antiquité de son origine, selon tous ceux qui en ont écrit, est quasi immemoriale ; neantmoins Vitruue la refere auec assez d'apparence à vn prince d'Achaïe nommé Dorus, lequel estant souuerain du Peloponnese, fit bastir en la fameuse ville d'Argos vn superbe temple à la deesse Iunon, qui fut le premier modele de cét ordre, à l'imitation duquel les peuples voisins en dresserent plusieurs autres ; entre lesquels le plus renommé, fut celuy que les habitans de la ville Olympia dedierent à Iupiter qu'ils surnommerent Olympien. L'isle de Delos en éleua vn aussi tres-celebre au dieu Apollon, en memoire de ce qu'il y auoit pris sa naissance, duquel on void encore auiourd'huy quelques vestiges : & ce fut en celuy-là qu'on mit les premiers triglifes en la forme que nous les voyons maintenant, representans la figure d'vne lyre antique dont ce dieu auoit esté l'inuenteur. Dans Elide, ville de cette mesme contrée, il y eut plusieurs fabriques memorables toutes de cét ordre, dont les principales furent, vn grand peristile seruant de place publique, ayant à l'entour vn triple rang de portiques auec les colonnes, & trois magnifiques temples, selon le rapport de Pausanias au 5. liure, l'vn à la deesse Iunon, tout enuironné de grandes colonnes de marbre, l'autre à la mere des dieux Dyndima, & le troisiéme à Minerue qu'ils appellerent du nom de leur ville ; & ce dernier fut sans doute vn admirable chef-d'œuure, ayant esté fait par cét illustre Scopas competiteur de Praxiteles, en la structure du merueilleux mausolée, que la reyne Artemisia fit dresser à la memoire de son mary. Vitruue en rapporte encore d'autres en sa preface du 7. liure, parmy lesquels il remarque celuy de Ceres & Proserpine dans la ville d'Eleusie, comme vn œuure d'émerueillable grandeur. Mais il seroit inutile de faire icy vne plus longue recherche de ces edifices, puis que ceux qui nous en parlent n'ont rien remarqué de particulier touchant leur forme, dont on puisse tirer du profit pour l'imitation. Ils nous disent bien aussi le nom de plusieurs grands Architectes de ces temps-là, qui écriuirent eux-mesmes les regles de leur mestier, entre lesquels vn nommé Silenus auoit traitté generalement de la proportion Dorique, & vn certain Theodorus auoit fait la description d'vn temple de ce mesme ordre, basti à la deesse Iunon par les habitans de l'isle Samos, auec plusieurs autres mentionnez au mesme lieu, dont les liures ne se trouuent plus : tellement qu'aprés la perte de tant d'excellens autheurs qui estoient la source mesme de l'art, où nous pourrions maintenant puiser la pureté de son origine, il faut par necessité se contenter des obseruations & des coniectures que les modernes ont faites sur quelques vestiges de l'antiquité, qui nous seruent maintenant de liures, & où tous les maistres, que i'ay assemblez icy comme au conseil general de l'Architecture, ont fait

fait leurs estudes. Mais parce que naturellement vn chacun abonde en son sens, & se forme vne beauté à sa mode, i'ay estimé necessaire aprés les desseins qu'ils nous ont donnez pour regle, de reuenir tousiours aux Antiques, comme à la meilleure boussole que nous puissions suiure, parmi lesquels il se trouue encore assez de varieté pour contenter raisonnablement le goust de ceux qui veulent choisir. C'est pourquoy i'en donneray sur chaque ordre deux ou trois exemples, tirez des originaux, & mesurez bien exactement par la raison du module de la colonne, auec la diuision mesme que i'ay obseruée aux autres desseins des maistres, afin que tout se rencontrant vniforme & sous vne seule échelle, la comparaison & l'examen en soient plus faciles : car la multiplicité des operations est tousiours desauantageuse, à cause de la confusion qu'elle fait naistre ordinairement en l'esprit de ceux qui trauaillent, & qu'elle consume aussi plus de temps, qui sont deux inconueniens de grande importance : & quand tout le fruict de mon trauail en ce ramas des Autheurs ne profiteroit aux studieux de l'Architecture que de les auoir ainsi aiustez ensemble, ie croy qu'ils s'en pourroient contenter. Mais reuenons à l'ordre Dorique, & considerons en gros sa forme, ses proprietez, & sa difference d'auec les autres, auant que d'entrer dans le détail de ses proportions ; car les regles generales doiuent preceder les particulieres. Ayant donc posé pour fondement que cét ordre nous represente la solidité, qui est sa qualité specifique & principale, on ne le doit employer que dans les grands edifices, & bastimens de cette nature, comme aux portes des citadelles & des villes, aux dehors des temples, aux places publiques, & autres semblables lieux, où la delicatesse des ornemens est inutile & peu conuenable : tellement que la maniere heroïque & gigantesque de cét ordre y fait merueilleusement bien son effect, & montre vne certaine beauté masle & naïfue, qui est proprement ce qu'on appelle la grande maniere. Ie vays remarquer sur ce propos vne chose à mon auis assez curieuse, touchant le principe de la difference des manieres, & d'où vient qu'en vne pareille quantité de superficie, l'vne semble grande & magnifique, & l'autre paroist petite & mesquine : la raison en est fort belle, & n'est pas commune. Ie dis donc que pour introduire dans l'Architecture cette grandeur de maniere dont nous parlons, il faut faire que la diuision des principaux membres des ordres ait peu de parties, & qu'elles soient toutes grandes & de grand relief, afin que l'œil n'y voyant rien de petit, l'imagination en soit fortement touchée. Dans vne corniche, par exemple, si la doucine du couronnement, le larmier, les modillons ou les denticules viennent à faire vne belle montre auec de grandes saillies, & qu'on n'y remarque point cette confusion ordinaire de petits cauets, de quarts de ronds, d'astragales, & ie ne sçay quelles autres particules entre-meslées, qui n'ont aucun bon effect dans les grands ouurages, & qui occupent du lieu inutilement & aux despens des principaux membres ; il est tres-certain que la maniere en paroistra fiere & grande : & tout au contraire elle deuiendra petite & chetiue par la quantité de ces menus ornemens, qui partagent l'angle de la veuë en tant de rayons & si pressez, que tout luy semble confus. Et quoy qu'on iugeast d'abord que la multiplicité des parties deust contribuer quelque chose à l'apparence de la grandeur, neantmoins il en arriue tout autrement, comme nous verrons en l'examinant par des exemples, & dans les desseins des maistres que i'ay recueillis icy, où en mesme temps on connoistra & la qualité de leurs genies, & la varieté de leurs iugemens: car les vns estiment riche & delicat ce que les autres nomment petit & confus; & ce qui nous semble de grande maniere, ceux-là le trouuent grossier & lourd: ce qui pourroit estre vray si on excedoit les termes de la proportion, & qu'on panchast trop vers l'vne ou l'autre des extremitez. Mais cecy soit dit en passant, & reuenons à nos regles generales. Les colonnes de l'ordre Dorique ont cela de remarquable entre les autres, que dans les plus beaux ouurages de l'antiquité, où elles ont esté employées, on les void sans base; comme au theatre de Marcellus à Rome, au theatre de Vicence, & dans vn arc de triomphe tres-magnifique qui est à Verone; & Vitruue ayant traitté de cét ordre icy plus exactement que d'aucun autre, ne parle point de sa base, quoy qu'il ait décrit assez au long les mesures de l'Ionique, & de l'Attique pour le Corinthien: n'ayant pas mesme oublié celle du Toscan. Neantmoins il n'y a pas vn des Architectes modernes qui ne trouue cecy à redire, & qui n'y en ait voulu accommoder vne à sa mode. Pour moy ie ferois vn grand scrupule de condamner ces vieux maistres qui faisoient tout auec tant de circonspection: il vaut beaucoup mieux tascher à découurir leur intention, qui aura esté sans doute tres-iudicieuse, afin de n'adiouster rien mal à propos à cét ordre, & qui soit contraire à ses principes. Prenons donc la chose dés son origine, & considerons à quel effet on accommoda des bases au pied des colonnes, & ce qu'elles y representent, afin d'inferer delà si elles conuiennent à celles-cy, comme aux autres. Vitruue l'enseigne au 1. chapitre de son 4. liure, ne commençant d'en parler qu'à l'occasion de la colonne Ionique, laquelle il dit auoir esté composée sur le modele d'vne beauté feminine, y assortissant toutes les parties, comme les volutes du chapiteau à la forme des coiffeures & aux tresses des cheueux des femmes; la tige de la colonne à leur taille alegre, les canneleures aux plis de leurs robbes, & la base à leur chausseure. Au mesme lieu il compare nostre Dorique à vn homme fort, tel que seroit vn Hercule, lequel n'a iamais esté representé que les pieds tous nuds: tellement que nous pouuons bien iuger par là, que les bases ne conuiennent point aussi à l'ordre Dorique. Mais l'vsage qui a esté introduit licentieusement contre tant d'exemples que nous en auons dans les antiques, a tellement preuenu l'imagination par ie ne sçay quelle fausse apparence de beauté, qu'il l'emporte maintenant dessus la raison: neantmoins les yeux purgez, estans aduertis de cét abus, s'en détrompent tout incontinent, & comme le vray-semblable se trouue faux lors qu'on l'examine, de mesme les apparences du beau, contre la raison, deuiennent enfin extrauagantes. Cette obseruation estant fondée sur les grands exemples que i'ay citez, & la raison luy seruant encore de regle, elle doit passer pour demonstrée. Voyons donc le reste de l'ordre. Son entablement est plus massif & plus haut que dans les ordres suiuans, parce que la force de la colonne estant plus grande, on doit luy donner aussi plus de charge. Il a d'ordinaire vne quatriéme partie de la colonne, où dans les autres il n'a bien souuent qu'vne cinquiéme, & quelquesfois moins: la corniche ne veut estre ornée d'aucuns feüillages, ny d'autres semblables delicatesses; & si on luy donne des modillons, ils doiuent estre quarrez

& fort simples. La frize a son ornement reglé, qui sont des triglifes, le compartiment desquels oblige à vne suietion tres-grande, & qui estoit autresfois si embarassante, que les plus grands maistres auoient de la peine à s'en démesler: mais Vitruue y a trouué des moyens assez commodes, qu'on pourra voir en son 4. liure, chap. 3. Cependant il suffira que ie die icy que toute la suietion consiste à faire que le triglife soit tousiours precisément au droit du milieu de la colonne, sur laquelle il se rencontre, & que les metopes, c'est à dire les espaces d'entre les triglifes, soient parfaitement quarrées; car cela est tellement essentiel dans l'ordre, qu'on ne doit iamais s'en dispenser. Ce qui en rend l'execution difficile vient de la distribution des entre-colonnes, qui ont aussi leurs distances regulieres & determinées, lesquelles ne quadrent pas toutes iustement auec celles des triglifes. Voyez le 2. chap. du 3. liure de Vitruue, commenté par le R. Daniel Barbaro, où tout cecy est excellemment bien expliqué par discours & par figure. L'architraue aussi a son ornement particulier, qui sont de certaines gouttes pendantes dessous les triglifes, lesquelles semblent en quelque façon y estre attachées, & ne faire qu'vne mesme chose, parce qu'on ne void iamais les vns sans les autres. Tout le corps de l'architraue doit paroistre fort & bien solide: pour cét effect ie ne le voudrois que d'vne face toute pleine, de peur que le partageant en deux il ne s'en monstrast plus foible, selon le principe que nous venons d'établir sur la diuersité des manieres: neantmoins cela est icy de petite consequence, pourueu qu'on ne passe point iusqu'à trois faces, comme és autres ordres, auquel cas la faute seroit notable. Voila donc en gros comme vne ébauche de l'ordre Dorique, sur laquelle on peut commodement rechercher tout le détail de ses membres particuliers auec leurs mesures, qui se trouueront tousiours par ce moyen dans les termes reguliers de son étenduë. I'en vays toucher quelques-vns des principaux, seulement afin d'ouurir le chemin, remettant à voir le reste dans les desseins, où tout est si clair & si precis, que ayant vne fois conceu que le module duquel ie me sers par tout est le demidiametre de la colonne diuisé en 30. minutes, & que ie commence aussi tousiours à mesurer les saillies de chaque profil depuis la ligne centrale de la colonne, pour auoir en mesme temps, auec la modenature des membres, la position & le iuste alignement de la colonne, tout le reste aprés ne peut faire aucune difficulté: car on verra tout incontinent que 30. minutes faisant le demidiametre, 60. minutes doiuent faire le diametre entier; & 45. les trois quarts; 40. deux tiers; 20. vn tiers; 15. vn quart; & ainsi de suite: ce que ie fais remarquer expressément, afin d'auertir aussi par mesme moyen que i'ay reduit toutes les mesures de mes desseins par minutes, sans vser des noms de module, de diametre, de tiers, de quarts ny autres semblables proportions, pour ne point embarasser les profils de tant d'écriture, outre qu'elles ne sont pas assez precises, & qu'il eust encore esté souuent necessaire d'y adiouster des minutes, & dire vn module & 3. minutes; deux tiers de module & 4. minutes; vn quart & 1. minute; demimodule & 2. minutes; & quantité d'autres semblables fractions, qui auroient fait de la peine inutilement & apporté de la confusion. Cela posé venons à l'application & reprenons nostre ordre Dorique par le détail. Mais de peur que la varieté qui se rencontre dans les desseins des autheurs modernes que i'ay recueillis icy, n'empeschast que nous en peussions rien arrester de determiné, ie ne veux suiure que l'exemple antique tiré du theatre de Marcellus, comme le plus regulier de tous au consentement vniuersel de ceux de la profession, & si conforme à ce que Vitruue écrit des proportions generales de cet ordre, que quelques-vns tiennent mesme qu'il a esté l'Architecte de ce grand ouurage: Ie ne suis pas neantmoins de leur opinion, à cause des denticules qui sont entaillez dans la corniche: car Vitruue au second chapitre de son premier liure, les interdit à l'ordre Dorique, comme estans naturellement affectez à l'Ionique: mais cette question n'a rien à faire presentement à nostre discours. Ie trouue donc que la tige seule de la colonne a de longueur sept fois son diametre, qui sur le pié de la diuision du demi-diametre en trente minutes (car en tout ce liure ie prens tousiours le demi-diametre de la colonne pour le module des ordres) font quatre cens vingt minutes, valant quatorze modules: la hauteur du chapiteau a trente minutes, qui font vn module: l'architraue a tout de mesme aussi vn module, ou trente minutes: la frize auec son listeau (qui est cette platte bande qui la separe d'auec la corniche) a vn module & demy valant quarante cinq minutes: & la corniche a vn module & vn quart, qui sont trente sept minutes & demie: tellement que tous ces modules estans mis ensemble, & la quantité de leurs minutes reduite en vne somme totale, la hauteur de l'ordre entier se monte à dix-huit modules & trois quarts, lesquels reuiennent à cinq cens soixante & deux minutes & demie: & l'entablement qui est l'architraue, frize & corniche deuant auoir vne quatriéme partie de la colonne, qui est sa proportion reguliere, contient iustement cent douze minutes & demie, qui sont trois modules & trois quarts: ce que ie repete expressément afin d'adiouster encore, que bien que tous les exemples de cet ordre, qui se rencontrent aussi bien dans les antiques que chez les modernes, n'ayent pas tousiours leur entablement dans les mesmes termes des modules de celui-cy; neantmoins ils peuuent estre reguliers dans la proportion generale, pourueu que l'entablement ait vn quart de la colonne, laquelle n'est point bornée ny à quatorze modules, ny à quinze mesme, pouuant quelques-fois aller iusqu'à seize, & encore à dauantage selon l'occasion; tellement qu'vne colonne de seize modules aura vn entablement plus haut qu'vne de quatorze; mais il faudra par necessité que toute la difference d'vn entablement à l'autre se trouue dedans la corniche, parce que la frize & l'architraue ont leurs mesures determinées & precises, l'vn a vn module, & l'autre a vn module & demy, sans auoir égard à la diuerse hauteur des colonnes. Or la corniche deuant suppléer ce qui leur manque, pour arriuer à la hauteur de la quatriéme partie de la colonne, il est euident que sa proportion particuliere dépendra de celle de la colonne: & que la corniche d'vn profil ne peut seruir à vn autre, quoy que du mesme ordre, si la hauteur des colonnes n'est égale en l'vn & en l'autre. Ce qui doit estre soigneusement remarqué, afin que par cette obseruation on puisse venir à vn bon & iudicieux examen de tous les profils que les modernes nous ont donnez de cet ordre, & connoistre ceux qui valent la peine d'estre suiuis: car la proportionalité generale estant defectueuse, il est inutile de la chercher au détail ny dans les parties, puis qu'elle est necessairement relatiue, & que l'vne ne peut subsister sans l'autre.

Mais afin de rendre cette discussion facile au lecteur, lequel peut-estre faute de pratique s'y trouueroit empesché, ie vais luy donner icy vne methode tres courte par le moyen de laquelle il la pourra faire en vn instant & sans confusion. Il faut prendre la hauteur de l'entablement du dessein qu'on examine, & en faire vne multiplication conforme à la proportion qu'il doit auoir auec sa colonne, eu égard à l'ordre qu'il represente; si c'est par exemple vn quart, comme en ce Dorique, il faudra multiplier cet entablement par quatre; si c'est vn cinquiéme, comme nous verrons en suite en quelques exemples Corinthiens, il faut le multiplier par cinq; & ainsi des autres; car le total de cette multiplication nous doit donner iustement la hauteur de la colonne: & où cela ne quadrera point, il est certain que le profil n'est pas regulier.

Ie serois trop long si ie voulois déchiffrer ainsi par le menu tout ce qui regarde ces principes, & pensant me rendre clair, par vne prolixité de discours & de calculs, ie pourrois enfin deuenir confus & ennuyeux au lecteur, qui sans doute comprendra mieux tout cecy à voir mes desseins; car les paroles ne sont iamais si expresses que les figures.

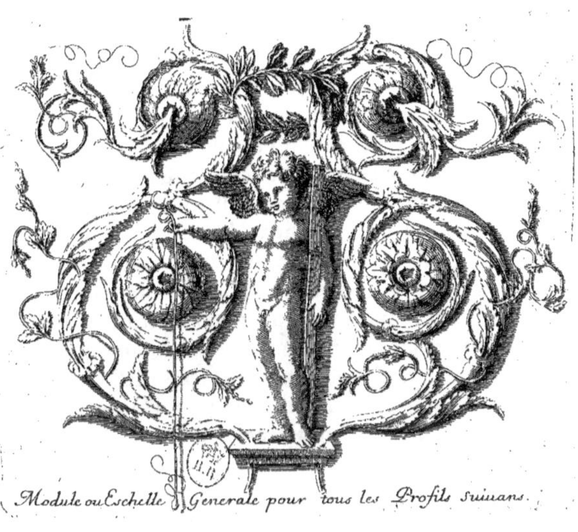

Module ou Eschelle Generale pour tous les Profils suiuans.

Quelques particularitez remarquables en ce profil tiré du theatre de Marcellus.

CHAPITRE III.

IE m'étonne, que de tous nos Architectes modernes, la plufpart defquels ont veu & parlé de cét exemple, comme du plus excellent modele Dorique que nous ayons de l'antiquité; neantmoins aucun n'a fuiui ny peut-eftre mefme bien remarqué en l'original le iufte compartiment des membres du chapiteau, ny la hauteur de la frize, que ie trouue icy notablement plus petite que celle qu'ils donnent à leurs deffeins; quoy que quelques-vns d'entre-eux (particulierement Vignole) ayent propofé le mefme profil pour regle de l'ordre, mais tellement alteré en tous fes membres, qu'il n'en refte pas vn feul entier. On le connoiftra facilement en les conferant enfemble, car tous les deffeins de ce recueil font aiuftez fur la mefme échelle. A l'égard du chapiteau ils affectent tous fans exception de le diuifer en trois parties, comme veut Vitruue en fon 4. liure, chapitre 3. pour en donner vne au gorgerin ou collier, l'autre au quart de rond auec fes anneaux, & la derniere au tailloir: mais ils auroient deu confiderer que le texte de cét Autheur, (outre qu'il eft bien fouuent fufpect, & lors principalement qu'il n'eft pas conforme à la pratique des anciens maiftres fes contemporains) de plus il n'eft pas encore iufte qu'il preuaille abfolument aux exemples tels que cetui-cy qui eft fans reproche: Et il euft efté plus raifonnable que ceux qui le donnent pour modele, euffent eu au moins la difcretion de n'y changer rien & le laiffer en fa proportion originale. Quant aux autres qui ont formé des deffeins à leur fantaifie, on ne peut pas les blafmer d'auoir fuiui le fentiment de Vitruue, & fe tenir dans les termes qu'il a prefcrits, quoy qu'ils euffent pû s'en difpenfer, & auec plus de raifon imiter l'antique, où cette regularité fi comptée ne fe trouue point. La couronne de la corniche eft auffi affez remarquable pour fa proietture extraordinaire, laquelle eft encore en quelque façon augmentée par le talut que l'Architecte a donné aux gouttes qui font l'ornement de la face du deffous, & qui tombent en battaifon fur les triglifes. Mais bien que ce trait d'Optique foit admirable en ce grand coloffe de baftiment, neantmoins il n'en faudroit pas vfer indifferemment par tout, car dans les lieux clos, où l'œil n'a pas fa diftance libre, comme au dedans des eglifes, cela feroit vn mauuais effect. C'eft pourquoy i'ay eftimé neceffaire d'apporter icy diuers exemples antiques fur chaque ordre, afin de donner moyen à ceux de la profeffion de s'en feruir iudicieufement, eu égard au lieu & à l'occafion.

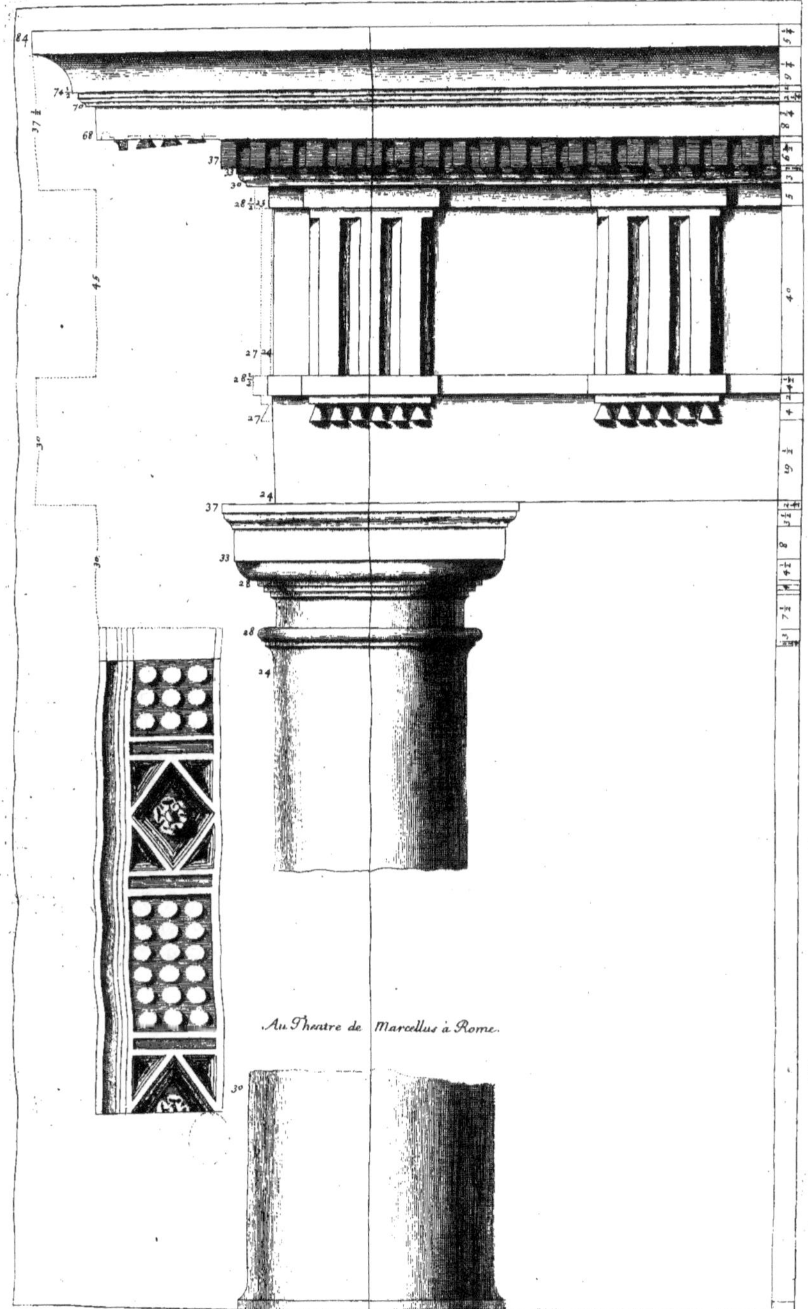
Au Theatre de Marcellus à Rome.

Autre profil tiré de quelques fragmens des Thermes de Diocletian à Rome.

CHAPITRE IV.

CE profil estoit vne des plus excellentes pieces d'Architecture qui fust dans les Thermes de Diocletian, & du meilleur goust, à ce que ie puis coniecturer par vn bon nombre d'autres esquisses que i'en ay encore, lesquels sont tous desseignez d'vne mesme main, fort nettement, & mesurez auec vne grande estude, dont quelques-vns me paroissent assez licentieux: mais ce profil est d'vne si noble composition, & si reguliere, qu'il ne cede en rien au precedent : & quoy que les proprietez specifiques de cét ordre soient d'estre simple & solide, les ornemens neantmoins y sont si iudicieusement appliquez sur chaque membre, qu'ils conseruent l'vne sans blesser l'autre.

Il peut suppleer aux occasions où celuy du theatre de Marcellus ne conuiendroit pas, dautant que la proietture de sa corniche est beaucoup moindre, outre que la curiosité de voir ses mouleures attire l'œil à les considerer de plus prés.

Sa proportion generale n'est pas tout à fait conforme à celle de nostre premier exemple, & leur difference me fait iuger que la colonne de celui-cy auoit huit diametres, c'est à dire seize modules ; car ainsi l'entablement, qui a de hauteur quatre modules, vient à faire vn quart de la colonne.

Ce qu'il faut considerer en ce profil, comme vniuersellement obserué par tous les modernes pour la hauteur de la frize, c'est qu'en cette partition des trois membres de l'entablement, la plate-bande, qui porte le chapiteau des triglyphes, fait partie de la corniche, & n'est pas comprise dans l'estenduë de la frize : quoy qu'en celuy du theatre de Marcellus ie l'y aye fait entrer, pour demeurer dans les termes de la regle generale de cét ordre, laquelle veut que la hauteur de la frize soit d'vn module & demy precisément, afin d'adiuster les interualles quarrez des metopes auec les triglyphes, qui est vne suietion tres-grande, mais tres-necessaire. Au reste, ie ne veux pas asseurer determinément que la colonne de ce profil fust sans base, car mon dessein ne m'en donne que l'entablement & le chapiteau ; mais ie puis aussi le croire pour les raisons que i'ay cy-deuant déduites, & amplement demonstrées au second chapitre.

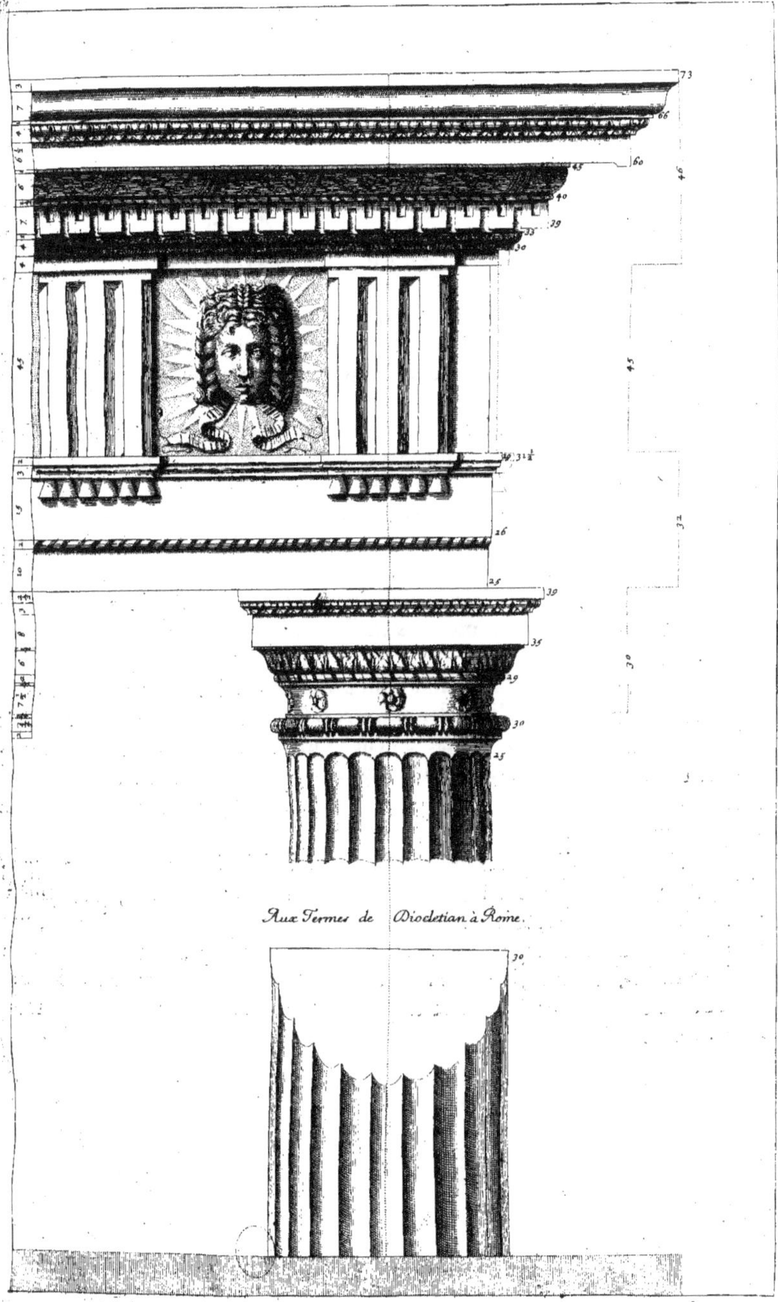

B

Eleuation perſpectiue d'vn autre profil tres-ancien, & d'vne grande maniere, lequel ſe void à Albane prés de Rome.

CHAPITRE V.

I'AY creu qu'il eſtoit auantageux, & meſme en quelque façon neceſſaire pour faire voir la beauté & le grand effect de ce profil, d'en donner vne eleuation perſpectiue, afin de montrer à l'œil, autant que l'art eſt capable de ſuppléer au veritable relief, comment il doit reüſſir à l'execution.

Ce rare chef-d'œuure Dorique fut découuert à Albane, ioignant l'Egliſe de ſaincte Marie, parmy pluſieurs autres vieux fragmens d'Architecture tres-curieux, dont i'ay vn bon nombre de deſſeins fort ſoigneuſement recherchez dans leurs meſures, quoy qu'eſquiſſez à la haſte, & comme en paſſant, par le celebre Pyrro Ligorio.

Ce que i'eſtime particulierement en celui-cy eſt vne grandeur de maniere maieſtueuſe & ſurprenante, laquelle eſt toute extraordinaire: & cela vient de ce qu'il a peu de membres & qu'ils ſont tous grands. I'en ay donné la raiſon parlant de la difference des manieres au ſecond chapitre. Au reſte, la tige de la colonne poſe ſimplement ſur vne marche qui luy ſert de zocle, comme ie le repreſente icy.

Or afin que ce deſſein ſoit non ſeulement plaiſant à l'œil, mais encore vtile à ceux qui auront enuie de s'en ſeruir, i'ay voulu l'accompagner de ſon profil auec les meſures.

De plus, i'auertis que la colonne a quinze modules de hauteur, & l'entablement trois & deux tiers, leſquels reuiennent aſſez iuſtement au quart, qui eſt la proportion reguliere de l'entablement Dorique auec la hauteur de ſa colonne. Ie n'ay point mis le profil du chapiteau, faute d'eſpace, & auſſi qu'il eſt fort peu different des ordinaires par ſes mouleures, & tout ſemblable dans la proportion.

Ce qui eſt plus digne d'eſtre remarqué & admiré meſme en cette compoſition, c'eſt la richeſſe & la forme extraordinaire des modillons, qui poſans à plomb ſur les triglifes, & leur ſeruans comme d'vne eſpece de chapiteaux, ont vn effect merueilleux, qui eſt encore beaucoup augmenté par les rozons du ſophite de la couronne, laquelle ayant vne proietture eſtonnante fait paroiſtre l'ordre tout giganteſque; & c'eſt proprement cela qu'on nomme la grande maniere.

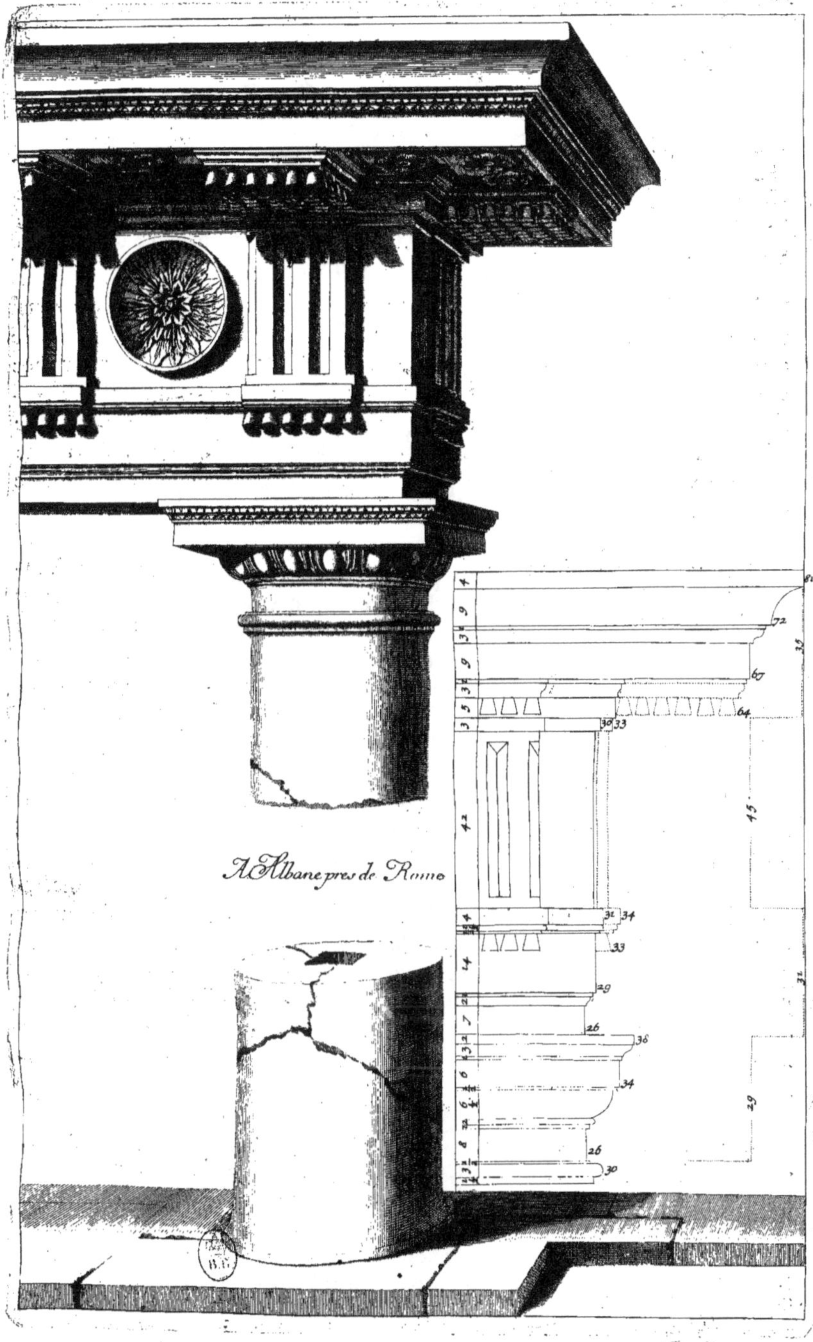
A Albane pres de Rome

Iugement en general de tous les autheurs rapportez en ce recueil.

CHAPITRE VI.

POVR faire venir le lecteur auec quelque sorte de preparation à l'examen particulier des desseins suiuans, ie vais luy donner icy vne connoissance generale des diuers talens d'esprit que i'ay remarquez en chacun des maistres que nous allons voir en parangon l'vn de l'autre.

Le premier de tous, sans contestation, est le celebre André Palladio, auquel nous auons l'obligation d'vn tres-beau recueil de plans & profils antiques de toute sorte de bastimens, desseignez d'vne maniere excellente, & mesurez auec vne diligence si exacte, qu'il n'y reste rien à desirer: outre qu'il a eu des occasions tres-auantageuses à Venise, & en tout le pays Vicentin d'où il estoit, de laisser des marques qui montrent bien que non seulement il a esté sectateur de ces grands maistres de l'antiquité, mais encore emule & competiteur de gloire auec eux.

Celuy qui le va suiuant de plus prés est encore vn Vicentin *nommé* Vincent Scamozzi, bien plus grand parleur, comme il paroist en son liure, mais beaucoup moindre ouurier & moins delicat au faict du dessein: on le void assez par les profils qu'il a donnez des cinq ordres, dont la maniere tient vn peu du sec, outre qu'il est fort mesquin & trite en ses ornemens, & d'vn mauuais goust; à cela prés neantmoins il est le plus regulier dans les proportions, & le plus digne de la parallele de Palladio.

Sebastien Serlio, & Iacques Barozzio surnommé Vignole, tiennent la seconde classe; & quoy qu'ils ayent tous deux suiuy des chemins contraires, & des manieres tres-differentes, ie ne laisse pas de les placer sur le mesme rang, & suis mesme assez empesché à determiner lequel des deux a rendu plus de seruice au public: si ce n'est qu'on veüille dire que le premier a trauaillé pour les maistres, qui n'ont besoin que de voir l'idée des choses en gros, sans auoir affaire du détail de leurs proportions; & que l'autre s'est seulement proposé d'instruire les ieunes gens, & de leur donner les regles de l'art, & de bons desseins: mais il seroit bien auantageux pour tous, que le liure de Serlio fust desseigné comme celuy de Vignole, ou que Vignole eust fait des estudes & des recherches aussi excellentes que Serlio.

Le fameux commentateur de Vitruue, Daniel Barbaro, Patriarche d'Aquilée, qu'on peut appeller auec iustice le Vitruue de nostre temps, sera icy au milieu de tous les maistres pour y presider, puis qu'il est le truchement & l'oracle du pere des Architectes: & son compagnon Pierre Cataneo (que ie ne luy donne que pour garder vne égale conformité en mes desseins du parangon des autheurs modernes) ne sera qu'vn petit clerc à la suite de ce grand Prelat, quoy qu'il peust aller du pair auec la plusspart des autres.

Des quatre derniers, i'en estime vn singulierement, qui est Leon Baptiste Alberti, le plus ancien de tous les modernes, & peut-estre encore le plus sçauant en l'art de bastir, comme on peut iuger par vn excellent & assez ample volume qu'il en a fait, où il montre à fonds tout ce qu'il est necessaire de sçauoir à vn Architecte: mais pour l'égard des profils des ordres qu'il a reglez, ie m'étonne de sa negligence à les desseigner correctement, & auec plus d'art, puis qu'il estoit peintre; car cela eust contribué notablement à la recommendation & au merite de son ouurage. I'y ay suppleé en ce recueil, & croy luy auoir rendu en cela vn tres-bon office, parce qu'on n'auroit peut-estre iamais pensé à le suiure, n'y ayant aucune apparence, à voir des desseins si pauures que ceux de son liure, d'esperer qu'estans mis en œuure ils deussent faire vn si bon effect.

Au plus ancien i'ay voulu donner le plus moderne pour corriual, afin que par leur rapport nous connoissions mieux si l'art continuë à s'aller perfectionnant dauantage, ou s'il ne commence point desia à décheoir. Ce dernier autheur nommé Viola est de la categorie de ceux que les Italiens appellent des Cicalons, qui parlent sans cesse & quasi tousiours hors de propos. Cettui-cy s'estant proposé d'écrire des ordres & des proportions de l'Architecture, des regles de Perspectiue, de quelques principes de Geometrie, & d'autres semblables dépendances de son principal suiet; le pauure homme s'est amusé à conter des fables, tellement qu'au lieu d'vn liure d'Architecture, il en a fait vn sans y penser de metamorphoses. Il a cela de commun auec Leon Baptiste Alberti, que ses desseins sont aussi mal ordonnez, & tres-mal executez; il suit neantmoins vne maniere plus elegante & assez conforme à celle de Palladio; mais la methode dont il se sert en ses partitions est si grossiere & si mechanique, qu'il compte tout par ses doigts, & semble n'auoir iamais entendu parler ny d'Arithmetique ny de chifres.

Des deux qui restent, on ne peut pas dire qu'ils soient moindres que tous ceux qui les precedent, ny aussi de mesme force que les premiers; mais i'estime qu'ils peuuent entrer en concurrence auec trois ou quatre. Ce sont deux maistres de nostre nation assez renommez par leurs ouurages & par leurs écrits, Philibert de Lorme, & Iean Bullant, que ie n'entends point placer icy sur le dernier rang comme inferieurs, mais seulement pour les separer des Italiens, qui sont en bien plus grand nombre.

Palladio, & Scamozzi sur l'ordre Dorique.

CHAPITRE VII.

PASSONS maintenant à la demonstration oculaire du chapitre precedent, par la parallele des Architectes que i'y rapporte, dont ie vais examiner les desseins au parangon de nos trois profils antiques, afin que selon le plus ou le moins de conformité qu'ils auront à ces modeles originaux, on vienne à iuger de leur merite, & voir l'estime qu'on en doit faire. C'est par cette consideration que i'ay tiré, comme hors du pair des autres maistres, Palladio & Scamozzi, lesquels s'estant proposé l'imitation de l'Architecture antique, par l'estude de ces admirables monumens qui restent encore de la vieille Rome, ont suiuy vne maniere beaucoup plus noble & des proportions plus elegantes, que ceux de l'échole de Vitruue.

Ce premier profil de Palladio a vn grand rapport à nostre second exemple antique, tiré des Thermes de Diocletian; car à la reserue des denticules, qu'il peut auoir retranchez auec raison, tout le reste de l'entablement est quasi semblable.

Il a eu encore la discretion, estant peut-estre obligé de suiure l'erreur commune qui veut vne base à la colonne de cét ordre icy de mesme qu'aux autres, d'auertir auparauant par vn exemple qui n'en a point, que les antiques la mettoient ainsi en œuure.

Il ne donne que quinze modules à la colonne sans base, & auec la base il la fait de seize, & va mesme quelquefois iusques à dix-sept; adioustant encore que si elle auoit vn piédestail, il luy en faudroit donner dix-sept & vn tiers. Toutes les autres mesures sont marquées si distinctement sur le profil, qu'elles n'ont aucun besoin d'estre expliquées.

Scamozzi donne tousiours reglément dix-sept modules à sa colonne, y accommodant aussi la mesme base que Palladio, mais neantmoins plus mal à propos, en ce qu'il s'est auisé d'orner les tores de ie ne sçay quelles feüilles delicates qui ne conuiennent aucunement à cét ordre, non plus que la canneleure Ionique, laquelle il employe encore icy abusiuement, au lieu de la naturelle Dorique. Son entablement, aussi bien que celuy de Palladio, est assez semblable à nostre second modele, auquel il a seulement adiousté vn petit cauet entre la couronne & le quart de rond, qui est peu de chose.

La composition de son profil prise en gros & toute simple paroist d'vne grande idée, mais il en faut reietter les ornemens.

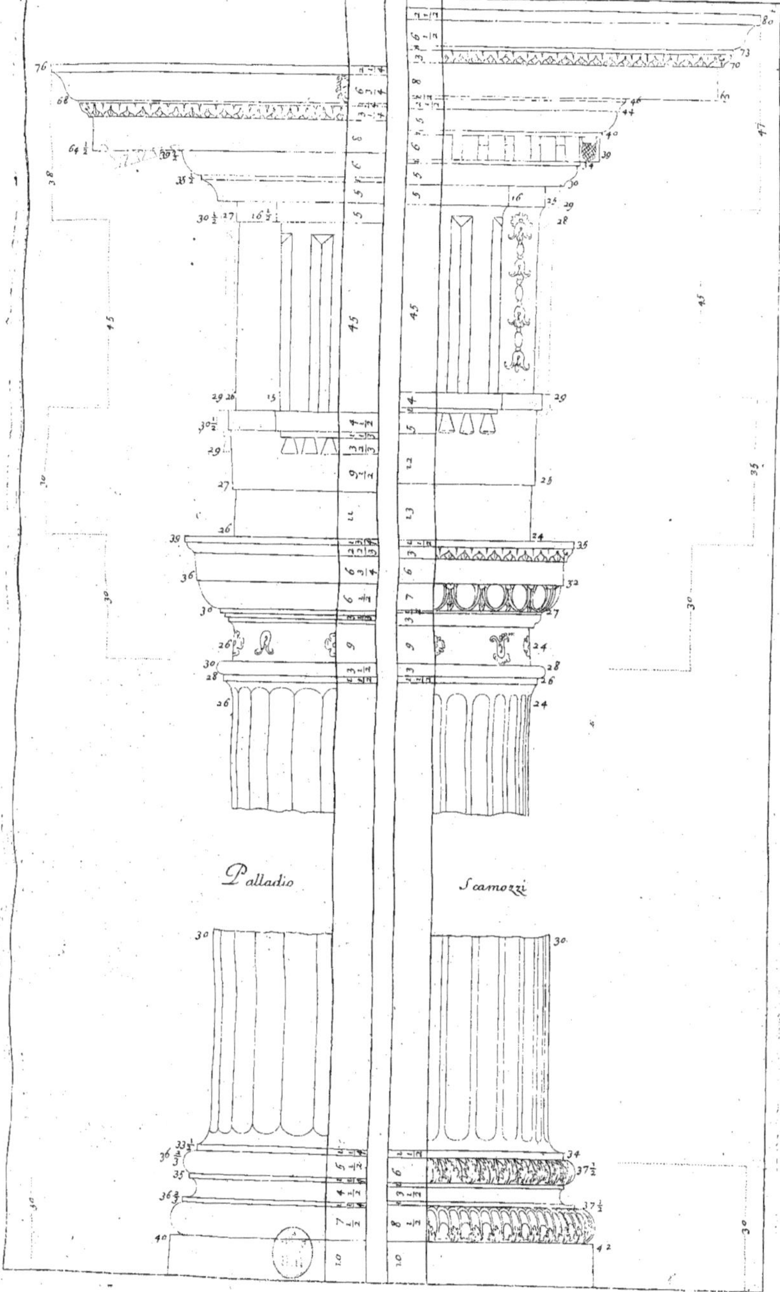
Palladio
Scamozzi

Serlio, & Vignole sur l'Ordre Dorique.

CHAPITRE VIII.

CES deux maiſtres ont beaucoup d'obligation à leurs Traducteurs qui les ont produits aux Tramontains, & particulierement à nos ouuriers François qui les tiennent en vne tres-haute eſtime ; car quoy qu'en effect ils en ſoient dignes, neantmoins eſtans comparez aux deux precedens, ils ne ſont pas en leur luſtre, & les ſuiuent meſme d'aſſez loin. Le lecteur en pourra faire le diſcernement par le parangon des vns & des autres aux originaux antiques, que ie leur ay mis en teſte, comme le fanal & la bouſſole de la vraye Architecture. Mais il ne ſeroit pas iuſte de tenir en cét examen la meſme rigueur à Serlio qu'à ſon compagnon, parce que s'eſtant propoſé de ſuiure Vitruue, qui eſt vn autheur celebre & tres-venerable aux Architectes, il s'en eſt loüablement acquitté ; au lieu que Vignole qui auoit pris vn autre chemin, à la verité plus noble, & le meſme que ie tiens icy, ne s'y eſt pas ſceu conduire ſans ſe fouruoyer. Le profil Dorique qu'il nous donne eſt tiré du premier ordre du theatre de Marcellus, le plus digne exemple de cette eſpece qui ſe rencontre parmy les antiquitez de Rome, duquel i'ay fait choix auſſi pour eſtre le premier modele de ce recueil : auec cette difference neantmoins que i'ay obſerué preciſément toutes les meſures & les ſacomes de l'original, qui dans cét autheur icy ſe trouuent bien alterées, particulierement à la corniche & au chapiteau. La confrontation des deux deſſeins en eſclaircira plus le lecteur en vn inſtant, que ie ne ferois par le diſcours d'vne page entiere.

Serlio donne ſeulement icy quatorze modules à ſa colonne, y compris la baſe & le chapiteau ; & la hauteur de l'entablement monte à trois modules & vn peu plus de deux tiers : de ſorte qu'il paſſe notablement & contre ſon ordinaire au delà du quart de la colonne, qui eſt la plus grande proportion que les antiques ayent pratiquée ; ſi bien que ce grand excés me fait douter que le texte de Vitruue, ſur lequel il s'eſt reglé, ne ſoit corrompu en ce lieu-là, ou bien qu'en parlant de la colonne il n'ait voulu dire que ſon fuſte ſans le chapiteau ; car ainſi en adiouſtant encore vn module (qui eſt la hauteur preciſe du chapiteau) toute la colonne ſeroit de quinze modules, & par ce moyen l'entablement auroit vne proportion conforme aux antiques.

Vignole fait ſa colonne de ſeize modules, & l'entablement de quatre, qui eſt iuſtement la quatriéme partie de la colonne, en quoy il ſe trouue tres-regulier. Pour ce qui eſt de la baſe que les modernes ont introduite en cét ordre icy, i'en ay deſia dit mon ſentiment.

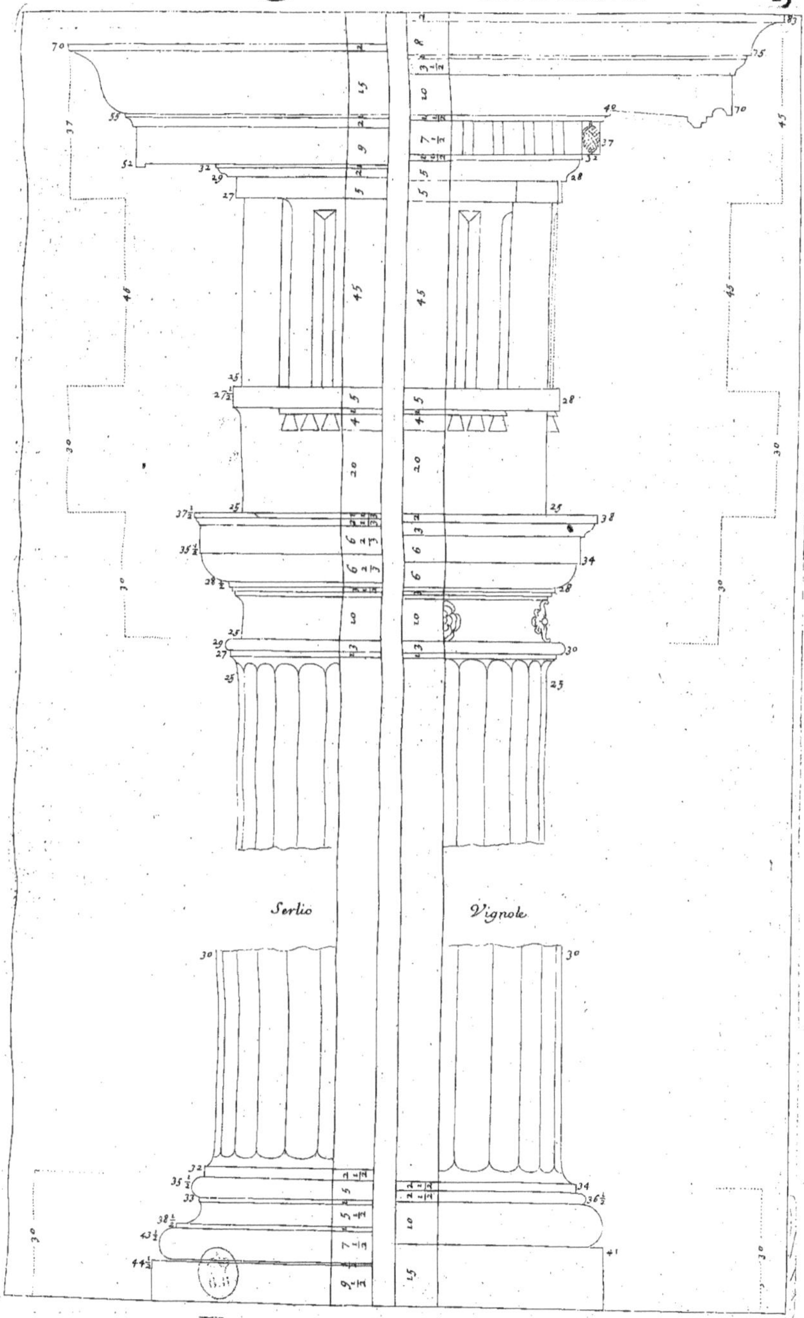
Serlio
Vignole

Daniel Barbaro, & Pierre Cataneo sur l'ordre Dorique.

CHAPITRE IX.

C'EST icy la vraye échole du Peré Vitruue, dont le nom & la ſeule authorité porte vne tres-grande recommendation. Ce n'eſt pas qu'il faille ſuiure indifferemment tous ceux qui pretendent auoir entendu ce graue & tres-difficile autheur, car chacun le tire à ſoy, & s'efforce de l'accommoder à ſon genie.

Le meilleur de tous, ſans exception, a eſté Daniel Barbaro, tant pour l'excellence de ſes commentaires, que pour la iuſteſſe & la netteté de ſes deſſeins. On peut meſme voir par la parallele de ſon profil auec celuy de Cataneo ſon adioint, de Serlio en la feüille precedente, & de quelques autres ſuiuans cette meſme claſſe, qu'il eſt icy comme vn maiſtre entre ſes diſciples.

Ce ne ſeroit qu'vn amuſement tres-inutile, & meſme importun de quotter par le menu chaque difference d'vn deſſein à l'autre, veu que le lecteur en peut plus voir d'vne ſeule œillade, que ie n'en ſçaurois compter en tout le reſte de cette page.

I'auertiray ſeulement en general, que la proportion de la colonne auec ſon entablement eſt icy la meſme que Serlio nous a donnée en la feüille precedente, ſans qu'il ſoit beſoin de repeter dauantage ce qu'il m'en ſemble, puis que mon obſeruation eſt ſur Vitruue, & non contre ceux qui l'ont expliqué.

Daniel Barbaro a introduit iudicieuſement en la metope angulaire de la frize vn bouclier, pour faire connoiſtre que les ornemens doiuent tenir de la nature des ordres où on les applique, & que cettui-cy eſtant d'vne eſpece forte & martiale on peut l'enrichir aux occaſions de trophées d'armes, de maſſuës, de carquois de fléches, & d'autres ſemblables inſtrumens de guerre.

Ie trouue à redire au deſſein de Cataneo, que la doucine du haut de l'entablement eſt vn peu grande; que la proietture du tailloir du chapiteau eſt trop petite, & rend tout le chapiteau meſquin & camus; ce qui défigure notablement ſon profil; outre que la baſe a par excés au tore d'embas ce qui manque au chapiteau par le haut.

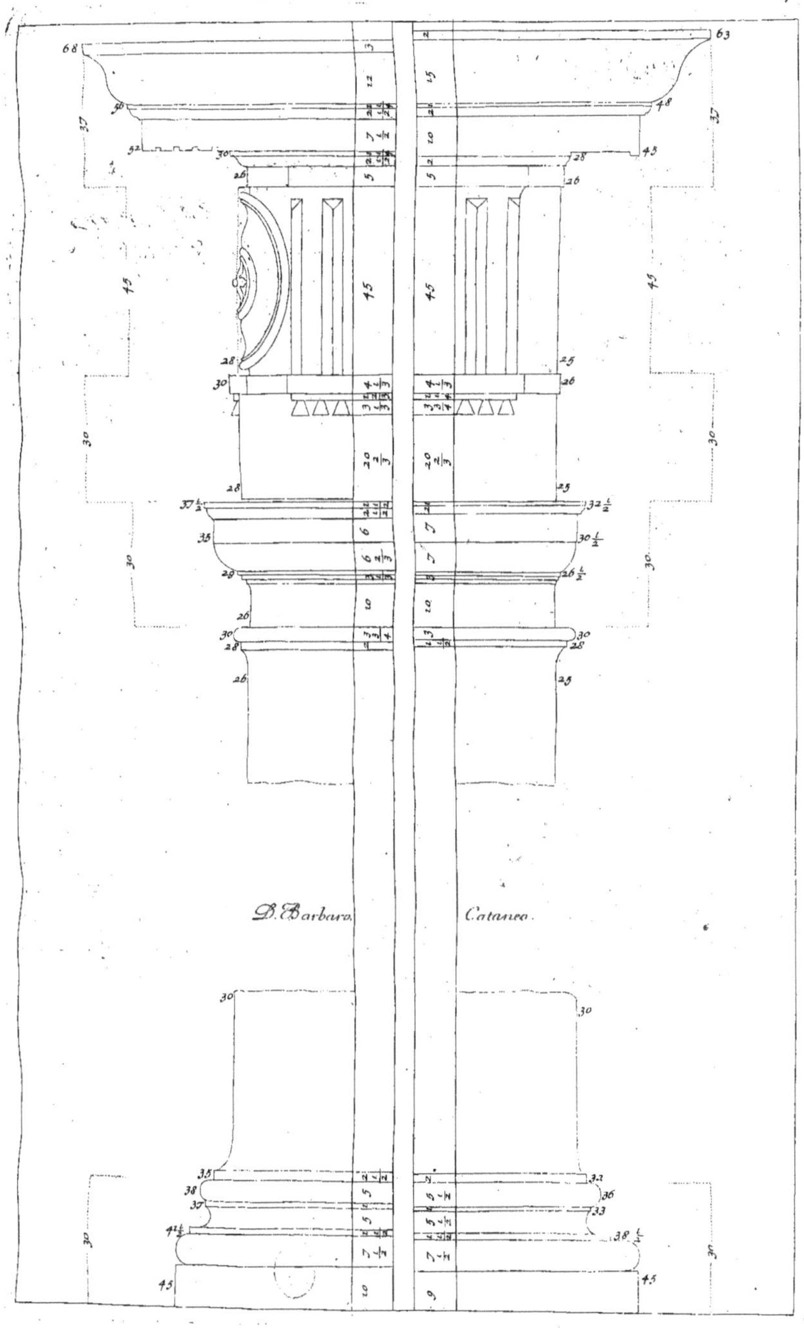
D. Barbaro.
Cataneo.

Leon Baptiste Alberti, & Ioseph Viola sur l'ordre Dorique.

CHAPITRE X.

A voir ce premier dessein de Leon Baptiste Alberti, dont le chapiteau est tout Gothique, on aura suiet de s'estonner pourquoy i'ay parlé de luy si auantageusement en l'examen general que i'ay fait des Architectes modernes, où ie luy donne vne des premieres places : & en verité ie ne sçaurois l'excuser icy de ce mauuais goust, & de cette composition si disgraciée, quoy qu'il pretende l'auoir veuë & prise en quelques fragmens antiques. Mais bien qu'il soit vray, (car il s'en rencontre assez de mauuais) il en doit aussi auoir veu d'autres plus raisonnables. Ce qu'il y a de fascheux pour luy en cette premiere production, est, qu'il importe beaucoup de commencer bien, car la premiere impression demeure long-temps, & fait consequence pour les suiuantes: neantmoins quoy qu'il en soit, il faut tousiours demeurer d'accord de la verité, & iuger des choses bonnement & sans preoccupation. Pour luy faire donc iustice en tout, aprés auoir condamné cette partie si defectueuse en son profil, on ne doit pas pour cela reietter le reste, car il est fort bon, & d'vne grande & noble maniere : il a mesme du rapport à nostre troisiéme exemple antique par ses modillons, dont la saillie porte vn grand effect estant mis en œuure, comme on peut voir par le perspectif que i'en ay fait. Son architraue & la frize sont reguliers; & l'entablement entier a sa proportion exacte auec la colonne; car il a quatre modules de hauteur, & la colonne en a seize. Les modenatures de la base sont aussi fort belles; tellement qu'en tout le dessein il n'y a rien à redire que le chapiteau, qu'on pourra facilement suppléer, y accommodant celuy de son compagnon Viola, dont le profil est assez correct, & quasi le mesme que celuy de Palladio, lequel ie voy qu'il a imité en tous les ordres suiuans, aussi bien qu'en celui-cy : mais parce qu'il tasche de déguiser son imitation autant qu'il peut, en changeant quelque moulure, ou mutilant quelque membre, il a fait icy vn quart de rond en la place de la gueule droite ou doucine de la corniche; qui est vne chose indifferente, ou pour le moins tolerable en l'ordre Dorique, parce que celle du theatre de Marcellus est de mesme.

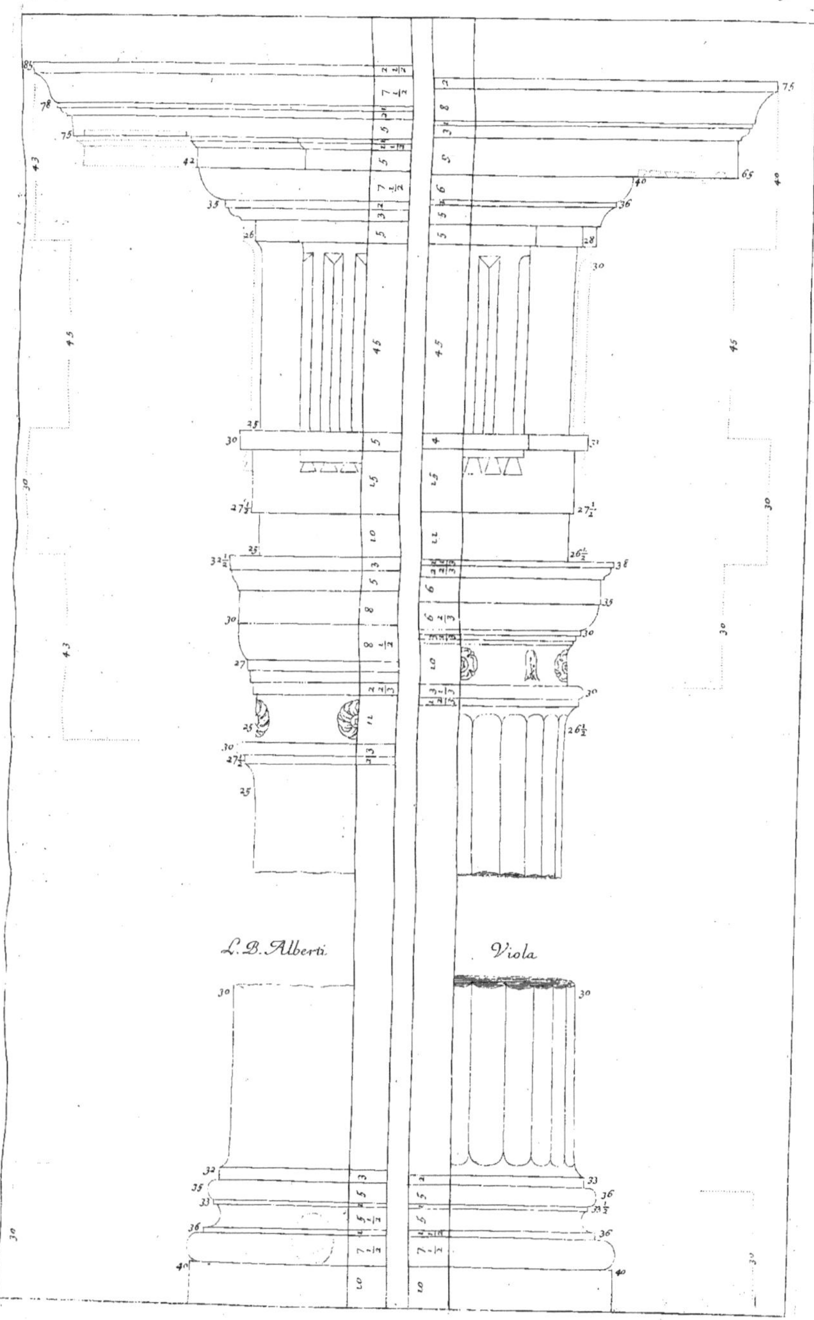
L. B. Alberti.
Viola

Iean Bullant, & Philibert de Lorme sur l'ordre Dorique.

CHAPITRE XI.

CE n'a pas esté sans quelque peine que i'ay reduit le second profil de cette feüille aux termes qu'il est icy, Philibert de Lorme l'ayant esquissé si à la legere, & en si petit volume (quoy que celuy de son liure soit assez grand) qu'il n'eust pas esté possible de donner à aucun des membres sa iuste mesure sans l'aide du texte, dont il a fait trois amples chapitres, où, par le moyen d'vn meilleur dessein, il auroit pû espargner beaucoup de paroles & de lettres de renuoy embarassées & confuses parmy son discours, desquelles il s'est seruy pour exprimer le détail des proportions de chaque partie de son profil : ce qui fait iuger que le bon homme n'estoit pas desseignateur, qui est vn defaut assez ordinaire à ceux de sa condition. Mais cela n'a rien à faire presentement à nostre suiet, où il n'est question que d'examiner si l'ordre Dorique qu'il propose, a quelque conformité auec les antiques, ou pour le moins aux preceptes de Vitruue ; ce qu'on peut voir par la parallele de son compagnon Iean Bullant, qui a suiuy cét ancien autheur fort ponctuellement en ce profil, quoy qu'il en rapporte encore d'autres tirez de l'antique, où ie ne l'ay pas trouué si iuste ny si exact qu'il m'a semblé en l'intelligence de Vitruue.

Ie ne veux point m'arrester icy à particulariser la difference qui est entre ces deux Architectes, de peur de tomber moy-mesme dans l'inconuenient dont ie viens presentement de reprendre Philibert de Lorme ; & aussi que la iustesse de mes desseins n'a pas besoin d'éclaircissement ny d'aucun discours. I'adiousteray neantmoins encore pour l'égard de Iean Bullant, qu'il est le seul des sectateurs de Vitruue, qui soit demeuré dans les termes reguliers du maistre, touchant la hauteur de l'entablement, auquel il ne donne que trois modules & demy, lesquels sont precisément la quatriéme partie de la colonne, laquelle ne doit auoir de hauteur que sept diametres, selon Vitruue, liure 4. chap. 1. qui sont quatorze modules.

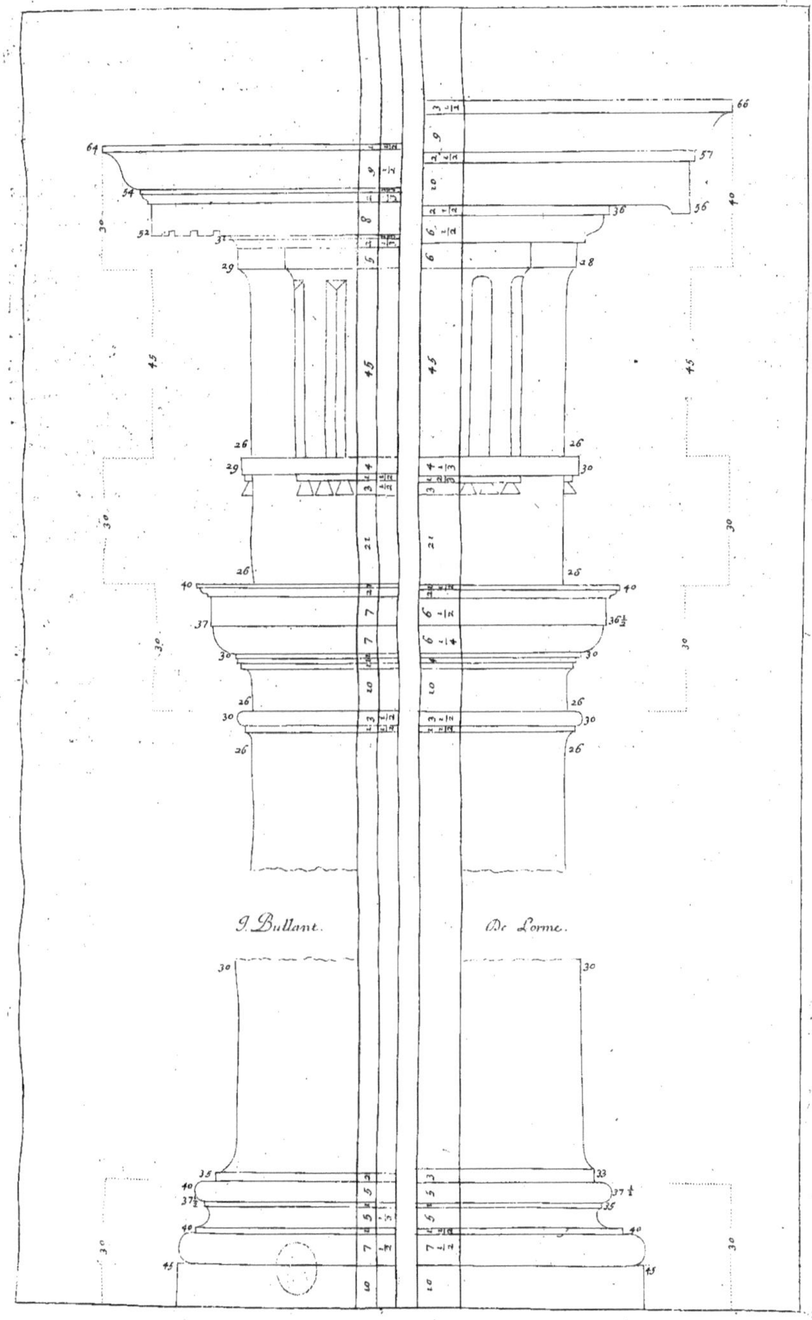

I. Bullant.
De Lorme.

Sepulture tres-antique, laquelle se void aux enuirons de Terracine, à costé du grand chemin tirant vers Naples.

CHAPITRE XII.

A Terracine sur les confins de l'Estat Ecclesiastique, on void des vestiges assez entiers de ce petit mausolée, ioignant le chemin d'Appius, où le diligent obseruateur de tous ces vieux monumens, Pirro Ligorio, l'ayant découuert, & pour ainsi dire deterré (car il estoit presque tout enseuely parmy des halliers en vn lieu inculte, comme il a écrit luy-mesme au bas du dessein qu'il en a fait) il en prit le plan fort exactement, & en profila l'éleuation, sur laquelle ie me suis reglé pour reduire cette Ichnographie en la forme que vous la voyez. I'ay esté bien aise de rencontrer encore vn exemple si exprés & si conuainquant contre l'abus des modernes, qui ont fort inconsiderément introduit des bases aux colonnes de cét ordre icy, dequoy i'ay desia assez parlé cy-deuant.

Les quatre faces de cét edifice paroissent auoir esté toutes semblables; & à celle qui regarde vers le couchant, il y auoit quelque sorte d'*inscription* dessus l'architraue, mais il n'en reste plus rien de lisible.

La maçonnerie est de grands carreaux de brique, & les colonnes auec leur entablement sont de teuertin: la pyramide estoit aussi de la mesme pierre.

Le diametre des colonnes est approchant de deux palmes, l'entablement fait vn cinquiéme de l'ordre entier, c'est à dire vne quatriéme partie de la colonne, laquelle n'auoit que sept diametres de hauteur.

Cette sepulture semble aussi vieille que le chemin mesme d'Appius.

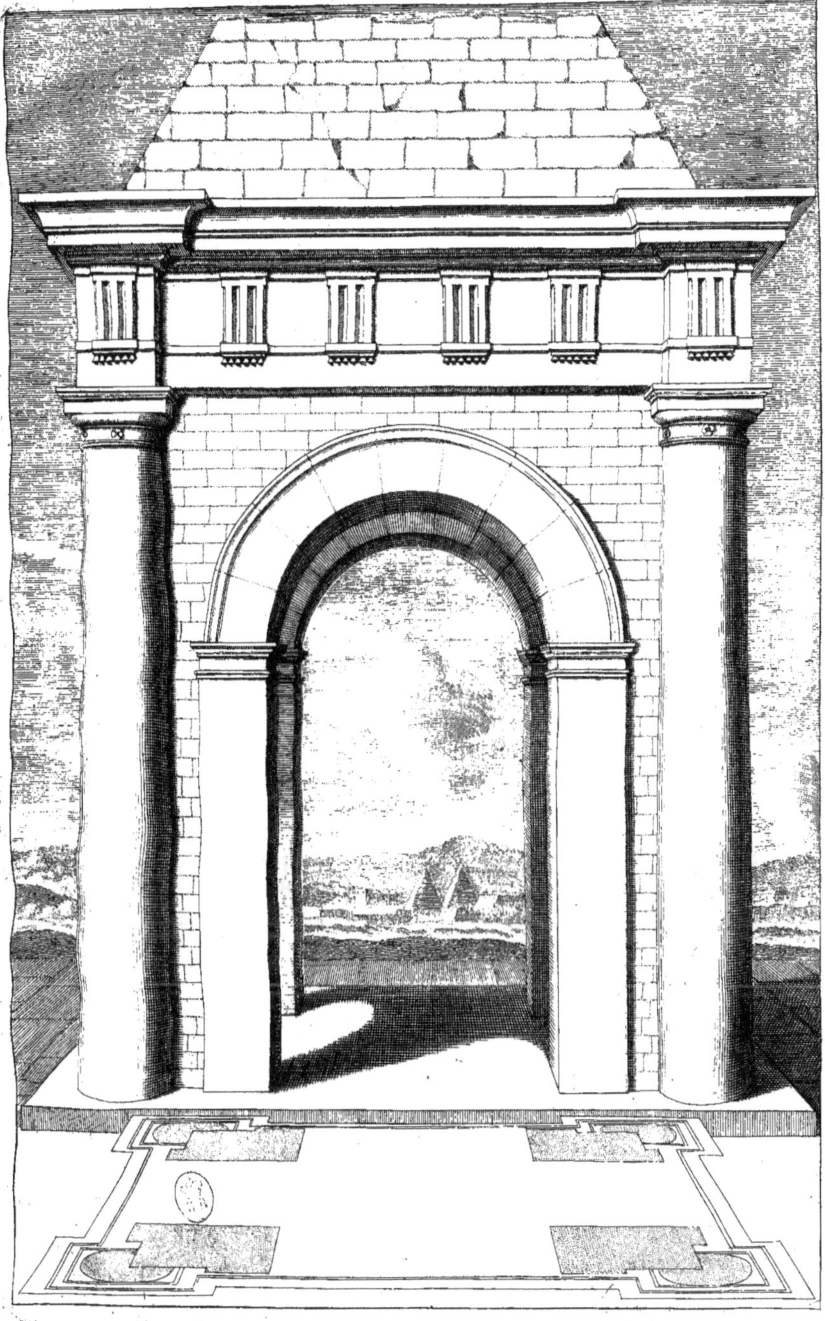

DE L'ORDRE IONIQVE.

CHAPITRE XIII.

LES premieres productions des arts ont tousiours esté fort rares, parce qu'il est difficile d'inuenter ; mais il n'en va pas de mesme de l'imitation. Depuis qu'on eut veu des bastimens reguliers, & ces fameux temples à la Dorique, dont Vitruue & quelques autres ont fait mention, l'Architecture ne demeura pas long-temps en enfance : la concurrence & l'emulation des peuples voisins la fit bien tost croistre & arriuer à sa perfection. Les Ioniens furent les premiers competiteurs des Doriens en ce diuin art, qui sembloit estre venu des dieux mesmes, pour donner aux hommes plus de moyen de les honorer : & comme ceux-cy n'auoient pas eu l'auantage ny la gloire de son inuention, ils tascherent d'encherir dessus les autheurs. Considerant donc que la figure du corps de l'homme, sur laquelle on auoit formé l'ordre Dorique, estoit d'vne taille trop robuste & trop massiue pour conuenir aux maisons sacrées, & à la representation des choses celestes, ils en voulurent composer vn à leur mode, & choisirent vn modele d'vne proportion plus elegante, ayant plus d'égard à la beauté qu'à la solidité de l'ouurage : ce qui donna lieu de le nommer l'ordre feminin, parce qu'il degeneroit dans la mollesse. Et de vray bien tost aprés ont veid naistre l'ordre Caryatide, qui fut vn tres-grand outrage à ce pauure sexe, & vne honte à l'Architecture, d'auoir si déraisonnablement employé vne chose foible & delicate à faire vn office où la force & la dureté estoient entierement necessaires. Vitruue & plusieurs modernes aprés luy content l'origine de cét ordre, & disent que les habitans d'vne ville du Peloponnese nommée Carya, ayant fait ligue auec les Perses contre les Grecs leur propre nation, aprés la déroute des Persans furent ensuite assiegez par les vainqueurs, & saccagez si cruellement, que tous les hommes ayant passé au fil de l'épée, la ville reduite en cendres, & les femmes emmenées esclaues, leur vengeance n'estant pas encore esteinte, ils voulurent eterniser leur ressentiment en faisant bastir des edifices publics, où pour marque de la seruitude de ces captiues ils y insculperent leurs images au lieu de colonnes, comme pour les accabler aussi sous le faix de la punition qu'elles auoient meritée par la felonie de leurs maris, & en laisser vne memoire eternelle aux siecles suiuans. C'est l'exemple que Vitruue a pris, pour nous prouuer qu'il est necessaire à vn Architecte de sçauoir l'histoire, afin qu'il n'aille rien introduire mal à propos dans ses ouurages. L'ordre Gothique, qui est l'ineptie & comme le singe de l'Architecture, à l'imitation des Caryatides a composé de certains mutules figurez seruans de consoles, soustenus par ie ne sçay quelles chimeres & marmousets ridicules, qu'on rencontre en tous les coins des vieilles Eglises de cette espece. Mais quelques modernes ayant trouué à redire, & auec raison, qu'on veist de telles extrauagances dans les lieux saints, où le respect & la modestie sont si necessaires ; & iugeant qu'il valoit mieux y accommoder quelques representations deuotes, sans auoir égard aux regles de leur mestier, ou plustost n'entendant pas la proprieté des ordres de l'Architecture, se sont auisez de mettre en forme de Caryatides des figures d'anges & d'autres saincts, leur faisant porter comme à des esclaues de grosses corniches, & des autels tous entiers; témoignant par là qu'ils n'ont pas bien raisonné sur le discours de Vitruue au suiet de l'origine des Caryatides; car ils eussent reconnu que cét ordre ne peut pas entrer indifferemment en toutes sortes de bastimens, & qu'il demande vne grande discretion pour estre placé auec conuenance : sur tout il ne doit point auoir lieu dans les Eglises, qui sont les maisons de Dieu, & des asyles de misericorde, où la seruitude & la vengeance ne doiuent iamais paroistre. Ils auroient mieux fait de n'employer que l'ordre Ionique regulier, lequel nous allons décrire conformément à vn excellent exemple antique tiré du temple de la Fortune virile, à present l'Eglise de saincte Marie Egyptienne à Rome, le profil duquel s'est heureusement rencontré parmy quelques feüilles que i'ay du grand antiquaire Pyrro Ligorio, dont les manuscrits & les desseins sont gardez comme vn tres-rare tresor dedans la bibliotheque du Duc de Sauoye; ce qui m'a donné moyen de verifier beaucoup de mesures qu'on ne sçauroit quasi prendre maintenant, & de redonner à la corniche ses ornemens propres, qui sont si gastez de la vieillesse, qu'il est extremément difficile de les discerner. C'est donc le modele que ie suiuray, & qui seruira icy de regle pour cét ordre, l'ayant preferé auec conseil, & pour diuerses raisons, à celuy qui est au theatre de Marcellus, d'où i'ay tiré mon Dorique: lequel neantmoins ie proposeray encore en suite, afin d'en laisser le choix aux autres qui ne seront pas de mon opinion. Mais auant qu'entrer dans le détail de ses proportions, ie veux pour la recommendation de cét ordre, & pour la curiosité du lecteur, rapporter icy les noms de quelques temples celebres bastis par le peuple d'Ionie, dont l'ancienneté est pour le moins de deux mille années. Le plus memorable, quoy qu'il ne soit pas le plus ancien, est ce fameux temple de Diane, construit selon l'opinion de quelques-vns par les Amazones en Ephese. Ce fut vn ouurage d'vne grandeur si prodigieuse, qu'on mit plus de deux cens ans à l'acheuer; & il fallut que toute l'Asie contribuast à cette dépense inestimable. Vitruue au 3. liure chap. 1. dit que sa figure estoit dipteryque, c'est à dire qu'il regnoit tout à l'entour deux rangs de colonnes en forme d'vn double portique: sa longueur estoit de quatre cens vingt-cinq pieds sur deux cens vingt: toutes les colonnes estoient de marbre, & auoient 70. pieds de hauteur. L'Architecte de ce superbe edifice, selon le mesme Vitruue, fut vn nommé Ctesiphon, dont il parle encore au 10. liure, où il rapporte vne excellente machine qu'il inuenta pour transporter les colonnes de ce temple, lesquelles estant d'vne longueur si prodigieuse, que toutes les forces ordinaires estoient impuissantes à les enleuer de leur carriere & les amener, fussent restées inutiles, si ce bel esprit n'eust découuert des forces artificielles, pour suppleer au defaut des autres. Cét edifice est compté pour vne des sept merueilles du monde. En la mesme ville d'Ephese il y eut encore plusieurs temples de cét ordre, deux desquels (l'vn à Apollon, & l'autre à Bacchus) sont remarquez principalement comme ayant esté en quelque façon comparables à ce premier, s'ils eussent eu leur derniere main; mais ils demeurerent imparfaits à cause des guerres contre les Perses, qui furent enfin la ruine entiere de ce peuple : car le Roy Cyrus ayant subiugué l'Asie, il rauagea tout ce pays, saccagea les villes, renuersa les temples, & fit par tout vne deuastation si barbare, qu'il ne resta quasi rien d'vne infinité de monumens admirables que cette noble nation auoit dressez dans toute la Grece. Il épargna neantmoins celuy de Diane Ephesienne, dont la beauté estonnante seruit de barriere à la furie de ce conquerant. Dans Athenes, vne des plus fleurissantes villes du monde, il y eut aussi de ce mesme ordre Ionique vn tres-grand nombre de temples, entre lesquels celuy d'Apollon Delien, & de son fils Esculape estoient celebres. On voit encore à present au mesme lieu de certains vestiges reduits en forme de citadelle, qu'on dit auoir autresfois esté le temple de la Deesse Iunon Attique. I'en pourrois nommer plusieurs semblables, dont les antiquaires que i'ay citez, disent des merueilles, mais en termes generaux & sans aucun fruit pour les studieux de l'art, qui auroient plustost besoin de quelques remarques essentielles & instructiues: C'est pourquoy ie vais ménager le reste de ce discours à décrire la composition & les parties de cét ordre selon le profil que i'ay choisi pour modele, & qui est precisément tiré de l'antique.

Profil Ionique tiré du temple de la Fortune virile à Rome, qui est maintenant l'Eglise de saincte Marie Egyptienne.

CHAPITRE XIV.

SVIVANT l'opinion du trois fois grand antiquaire, peintre, & architecte Pyrro Ligorio, dont i'ay desia cy-deuant parlé, & duquel i'ay emprunté ce profil, ie puis bien le proposer comme vn des plus reguliers exemples de l'ordre Ionique qui soit resté de l'Architecture antique; ioint aussi que Palladio le rapporte en son 4. liure chapitre 13. où il est le seul de cét ordre là qu'il ait inseré en tout le recueil de ses estudes: tellement que ces deux grands maistres appuyans le choix & le iugement que i'en ay fait, on ne sçauroit pas douter que ce ne soit vn chef-d'œuure d'vne haute perfection. Ie vais donc en faire la description generale, deduisant en gros les principaux membres & leurs proportions, sans m'arrester au menu détail des mesures de chaque partie, à quoy le dessein doit suppléer.

L'ordre entier, depuis le rez de chaussée iusqu'à la corniche, a onze diametres de colonne, qui font vingt & deux modules.

La colonne auec la base & le chapiteau a dix-huict modules.

L'entablement, c'est à dire l'architraue, frize & corniche, a quatre modules, moins quatre minutes, lesquelles ne sont nullement considerables sur le total: & cette hauteur faisant deux neufiémes de la colonne, vient à produire vne moyenne proportionnelle entre celle de l'ordre Dorique cy-deuant décrit, dont l'entablement se fait d'vn quart; & du Corinthien, que nous verrons cy-aprés, auquel les modernes donnent ordinairement vne cinquiéme partie.

La volute du chapiteau est en ouale, & a vn tres-bon effect: neantmoins aucun de nos Architectes ne l'a imitée: mais la raison est à mon auis qu'elle est difficile à contourner auec grace, & qu'ils ont accoustumé de faire tout à la regle & au compas, lesquels sont icy presque inutiles.

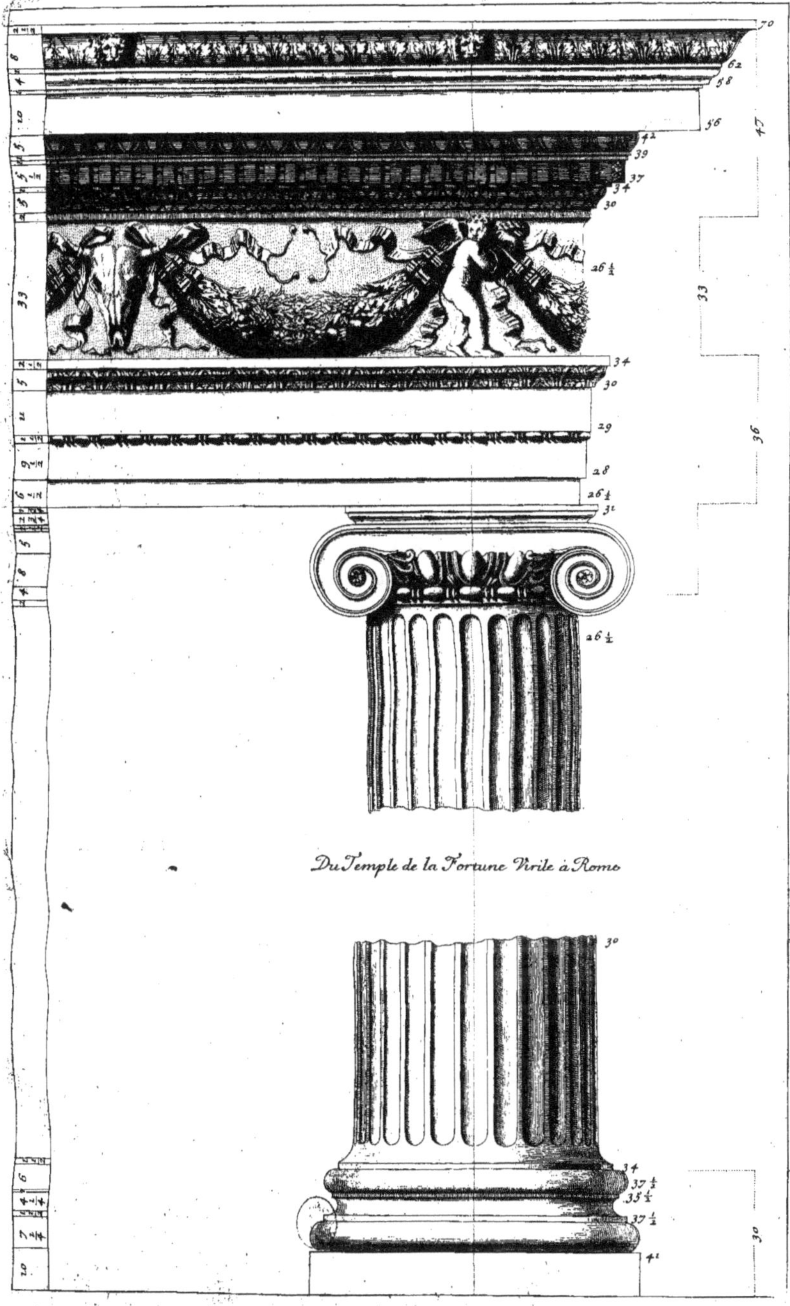

Du Temple de la Fortune Virile à Rome

Autre profil Ionique tiré du theatre de Marcellus à Rome.

CHAPITRE XV.

QVELQV'VN pourra croire que ie deuois establir mon Ionique sur cét exemple, veu qu'il est comme le frere gemeau du premier Dorique par lequel i'ay commencé ce recueil d'Architecture, les ayant tirez tous deux du mesme edifice, qui est le theatre de Marcellus. Et de vray c'estoit aussi mon premier dessein : mais les secondes pensées estant ordinairement les plus iudicieuses, i'ay consideré depuis, que la grandeur de l'entablement auec sa simplicité extraordinaire, estoit vn effect particulier de la discretion de l'Architecte, qui voulant placer cét ordre en vn tres-grand edifice, & encore en vn haut lieu, où la veuë n'eust pû iouïr qu'auec peine des ornemens dont on a accoustumé de l'enrichir, il eut seulement égard à reparer par la raison de l'Optique ce que l'œil deuoit trouuer à redire dans la grace des proportions generales par la distance de l'exhaussement: de sorte que nous pouuons dire de ce profil, qu'il fait excellemment bien en œuure comme il est placé en l'original, mais qu'il ne reüssiroit pas de mesme en vn autre ouurage plus mediocre, & sur tout en vn ordre seul, s'il n'estoit d'vne grandeur colossale ; ce qui n'est encore ny propre n'y naturel à son espece qui est feminine. Ie vais neantmoins deduire ses proportions ainsi que des autres.

La hauteur de l'ordre entier est de vingt & deux modules deux tiers.

La colonne auec sa base & son chapiteau n'en a que dix-huict, encore assez iustes ; si bien que l'entablement estant de quatre & deux tiers, il se trouue d'vne grandeur extraordinaire, en ce qu'il excede vn quart de l'ordre, qui est la plus grande proportion qu'on puisse donner mesme au Dorique.

La proietture ou saillie de la corniche est aussi en quelque sorte demesurée, mais l'Architecte s'y est monstré iudicieux, ayant égard en cela à la masse entiere de l'edifice, & à la hauteur de l'assiete de ce second ordre : la mesme raison luy fit donner tres-peu de diminution à la colonne par le haut.

Les volutes du chapiteau sont ouales comme en l'ordre precedent : & cette maniere de volutes a esté fort pratiquée par les antiques ; mais la methode de les contourner auec le compas est difficile, & n'a point encore esté demonstrée iusqu'à present.

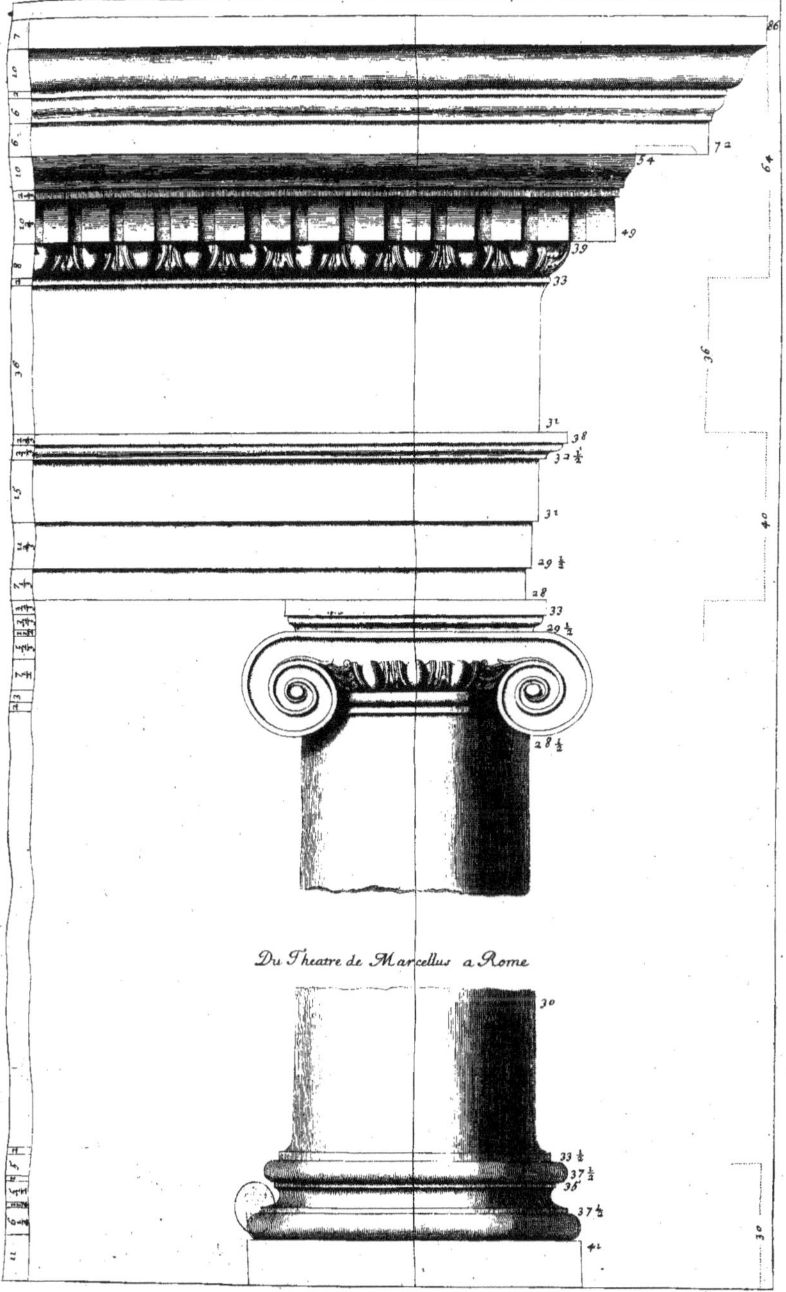

Du Theatre de Marcellus a Rome

Eleuation perſpectiue d'vn profil tiré des Thermes de Diocletian à Rome.

CHAPITRE XVI.

I'AY voulu faire vne éleuation perſpectiue de ce profil, afin d'apporter quelque varieté en mes deſſeins, & auſſi que c'eſt vn moyen auantageux pour donner l'idée d'vn ordre, & de ſon effect eſtant mis en œuure, en faueur de ceux qui n'ont guere de pratique dans le meſtier. Il eſtoit aux Thermes de Diocletian à l'encoigneure d'vn retour de mur; ce que i'ay conneu par vn deſſein que i'en ay qui eſt fort ancien & de bonne main, où les meſures tant du plan que du profil ſont marquées exactement iuſqu'aux moindres choſes. Ie les ay reduites & accommodées à la diuiſion de mon module ordinaire, telles qu'on les void ſur le profil qui eſt au deſſous de l'entablement perſpectif.

La hauteur de l'ordre entier, depuis la baſe iuſques au ſommet de la corniche, a dix diametres & vn quart, qui ſelon noſtre maniere de meſurer font vingt modules & demy; leſquels partagez entre la colonne & l'entablement, elle en prend dix-ſept, & les trois modules & demy reſtans font la hauteur de l'entablement. Or quoy qu'il y ait vne difference conſiderable de la hauteur de noſtre premier exemple Ionique à celui-cy, neantmoins elle conſiſte pluſtoſt dans la quantité totale de l'ordre, qu'en la proportionalité de leurs parties; car ie trouue icy que l'entablement comparé à ſa colonne, a auſſi la meſme relation des deux neufiémes, c'eſt à dire que la hauteur de la colonne eſtant diuiſée en neuf parties, celle de l'entablement en contient deux; qui eſt vne ſymmetrie particulierement affectée à cét ordre icy, comme i'ay dit cy-deuant. Les volutes du chapiteau eſtoient contournées auec le compas, en la maniere que ie décriray cy-aprés en vne feüille particuliere qui fera la concluſion de cét ordre.

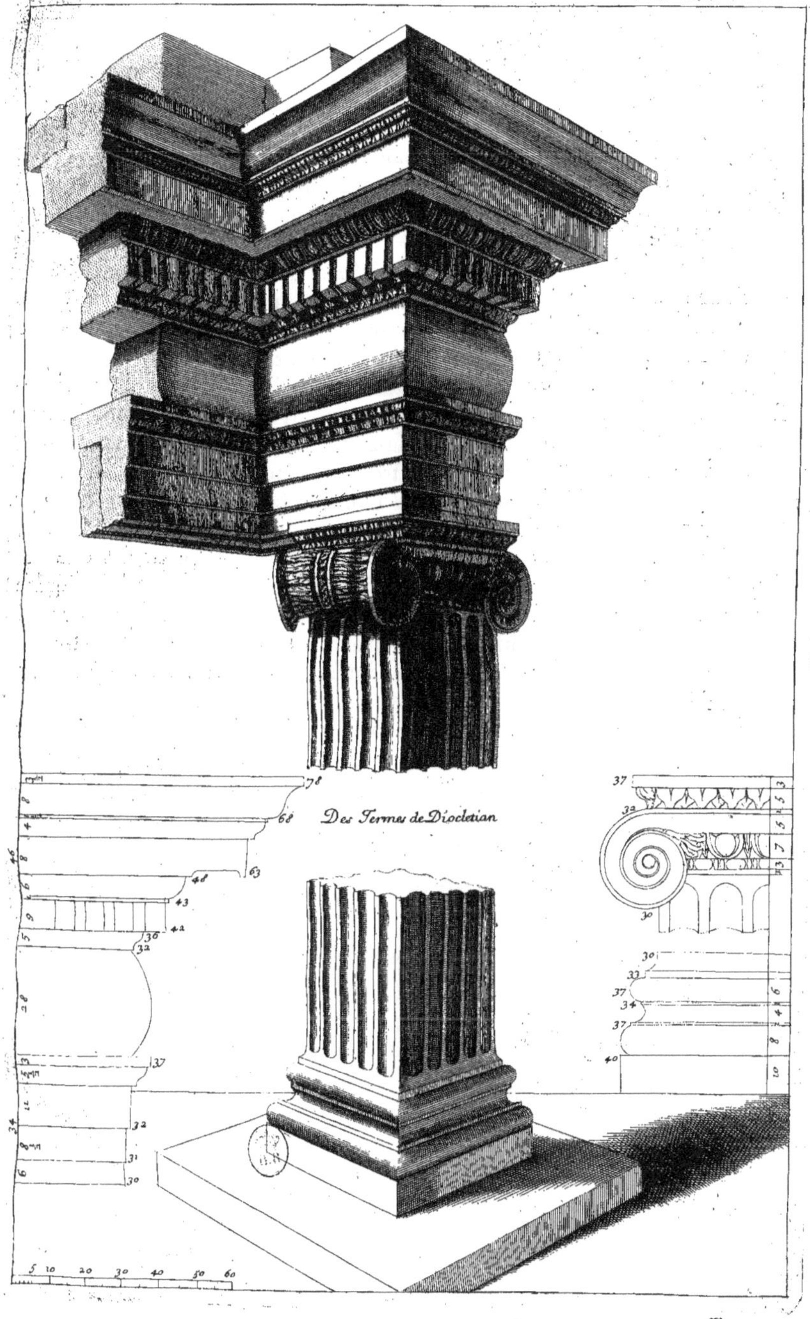
Des Termes de Diocletian

Palladio, & Scamozzi sur l'ordre Ionique.

Chapitre XVII.

IL y a tant de rapport entre les moulures & les mesures de ces deux profils, que la difference n'en est quasi point considerable, si ce n'est par la figure des chapiteaux, laquelle à la verité est bien diuerse de forme, quoy qu'assez semblable en la proportion.

La volute de Scamozzi est particuliere, & par consequent tient moins de l'antique que celle de Palladio: mais Scamozzi a cherché cét expedient, afin que son chapiteau vinst à faire front de tous les costez; ne goustant peut-estre pas cette varieté d'aspect qui se rencontre à la volute ordinaire.

La hauteur de la colonne, selon Palladio, a neuf diametres, qui sont, à nostre maniere de mesurer, dix-huit modules, dont il ne donne à l'entablement qu'vne cinquiéme partie, qui est la mesme proportion qu'il donnera cy-aprés encore à son Corinthien. Il eust peut-estre mieux fait de chercher à celui-cy vne moyenne proportionnelle entre la Dorique & la Corinthienne, pour aller par quelque sorte de gradation, du genre solide au delicat. De plus, i'aurois souhaité que la corniche eust plustost porté des *denticules* que des modillons, pour la raison que i'en ay renduë au chapitre general de l'ordre Ionique. Ce que ie dis seulement afin d'auertir, comme en passant, de ce qui me semble digne d'estre obserué en ce profil, qui est excellent au reste, & en cecy mesme ne peut pas estre repris tout à fait, car les choses qu'on peut mieux faire ne sont pas mal pour cela.

Quant à Scamozzi, outre que les mesmes obseruations que i'ay faites sur le profil de Palladio, sont encore contre luy; il y a cela de pis, que son chapiteau estant beaucoup plus massif, au lieu qu'il deuoit donner plus de hauteur à sa corniche, & la composer de membres plus grands; tout au contraire, il l'a tenuë plus petite, & tranchée de trois ou quatre petits reglets qui la rendent seche & mesquine.

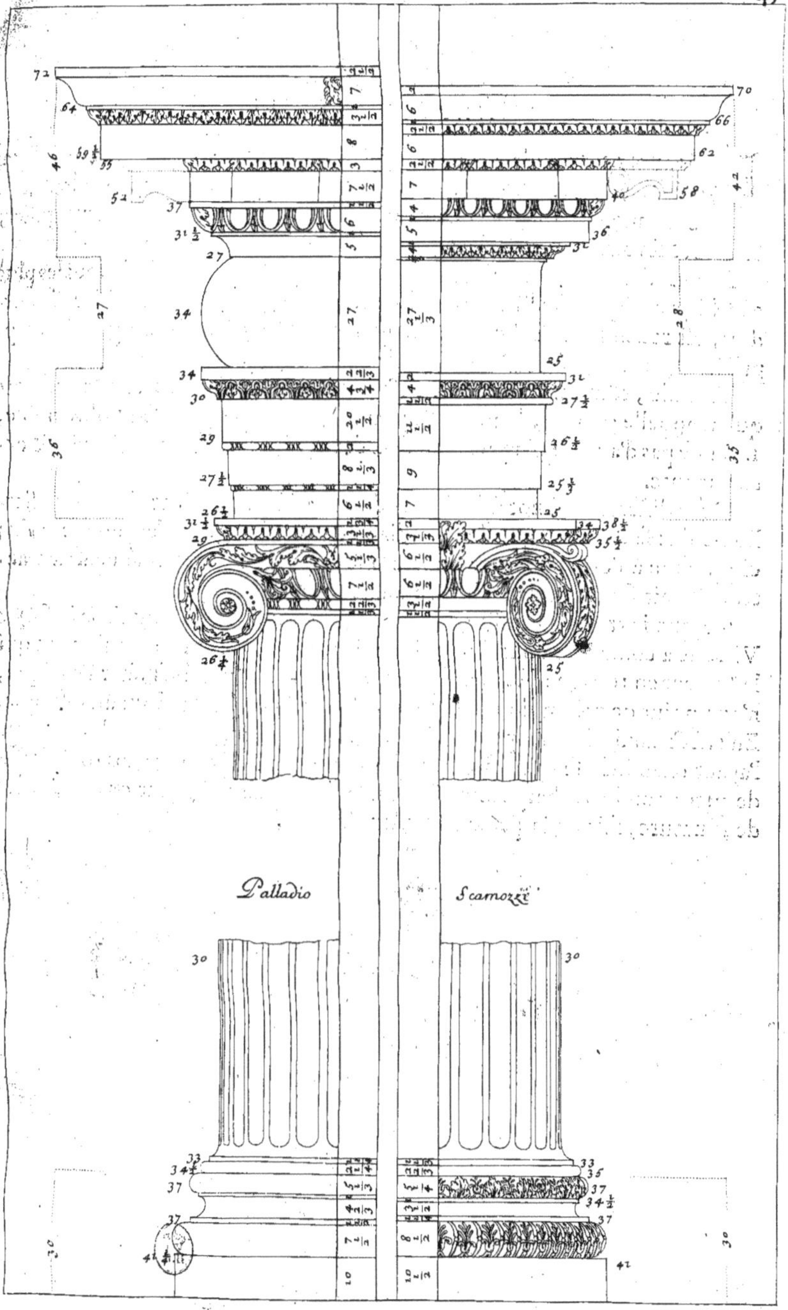

Palladio

Scamozzi

Serlio, & Vignole sur l'ordre Ionique.

Chapitre XVIII.

L'Inegalité de ces deux profils eſt ſi grande, qu'il n'eſt quaſi pas poſſible de les approuuer tous deux, & neantmoins il n'y a pas lieu auſſi de les condamner ny l'vn ny l'autre, chacun ayant ſon principe aſſez regulier, & encore ſes authoritez & ſes exemples.

Le premier, qui eſt Serlio, aprés auoir fait vn beau recueil de tous les plus excellens antiques de l'Italie, où il deuoit auoir pris vne haute idée des ordres, eſt reuenu en l'échole de Vitruue, où la petiteſſe de ſon genie l'a rappellé.

Vignole, tout au contraire, s'eſt ietté auec excés dans l'autte maniere qu'on appelle grande, laquelle, quoy que plus auantageuſe & plus noble, ne laiſſe pas d'auoir ſes limites, au delà deſquelles elle deuient vicieuſe & extrauagante.

Or la difference ſi notable de ces deux maiſtres prouient de ce que Serlio ne fait ſa colonne que de ſept diametres & demy, & n'en donne qu'vn cinquiéme à l'entablement; au lieu que Vignole luy a donné neuf diametres, & fait ſon entablement d'vn quart tout entier.

Ce que ie trouue à redire en ce dernier, eſt qu'il s'eſt ſeruy de la baſe que Vitruue a compoſée pour ſon Ionique, laquelle n'eſt excuſable qu'à ceux qui le ſuiuent en tout le reſte: car les autres qui ont cherché d'imiter l'antique, n'ont point de raiſon de l'employer, puis qu'il ne s'en void aucun exemple. En effect auſſi elle n'a pas eu l'approbation des meilleurs modernes, qui l'ayant examinée ſe ſont eſtonnez que Vitruue ait mis vn ſi gros tore deſſus de petits tondins, chargeant le fort ſur le foible: ce qui eſtant contre l'ordre de la nature, fait de la peine aux yeux delicats.

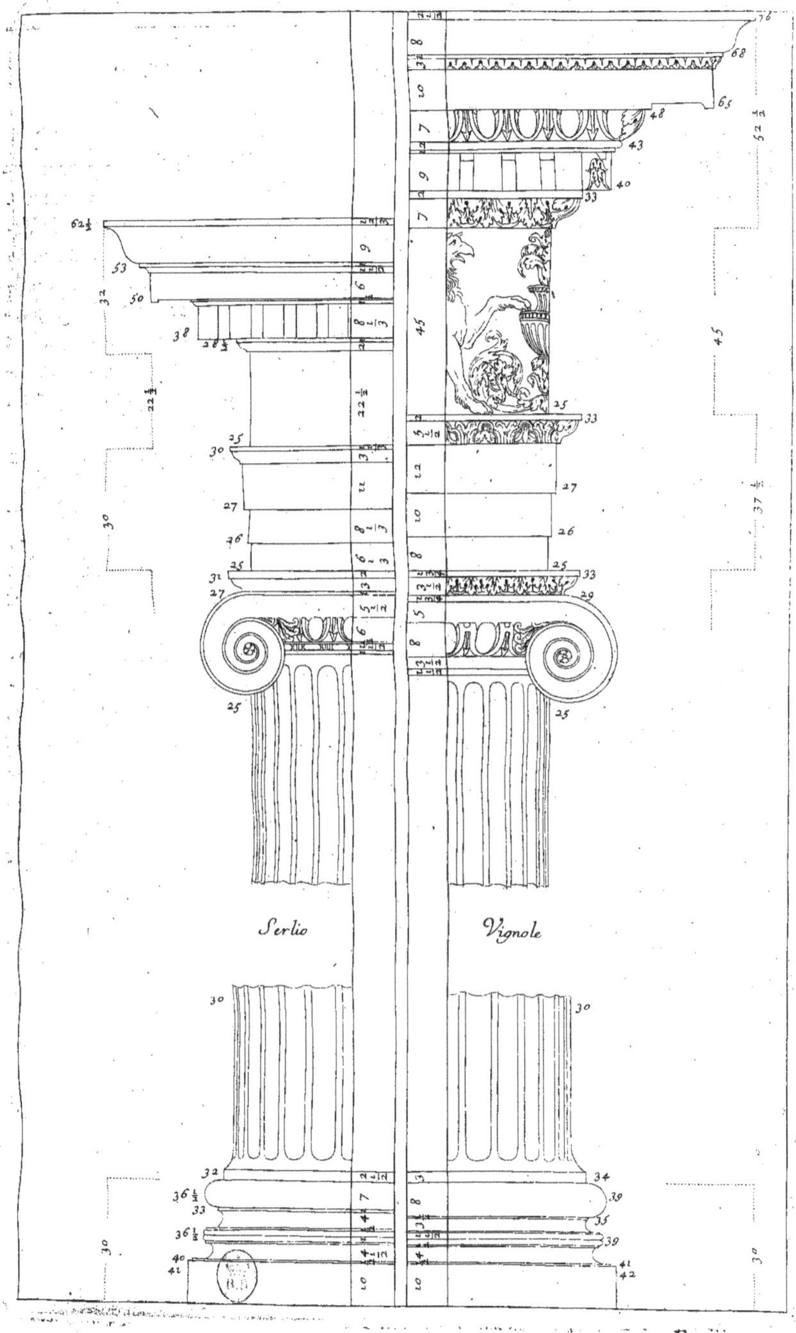
Serlio
Vignole

D. Barbaro, & P. Cataneo sur l'ordre Ionique.

Chapitre XIX.

C'est encore icy le meſme ſtile qu'a tenu Serlio en la feüille precedente : & quoy qu'il y ait beaucoup de rapport entre les profils de ces trois maiſtres, neantmoins on doit touſiours faire eſtat qu'en l'intelligence de Vitruue (à la doctrine duquel ils ont taſché de ſe conformer) Daniel Barbaro eſt le premier & le coriphée. Ce qu'on peut aſſez iuger par le ſeul échantillon du contournement de la volute du chapiteau, qui eſt vne piece tres-eſſentielle en cét ordre icy, & dont le vray trait n'auoit point eſté connu à nos modernes auant Daniel Barbaro, auquel nous auons l'obligation du recouurement de cét excellent chef-d'œuure de l'Architecture antique, quoy qu'il ait eu la bonté d'en vouloir bien partager la gloire auec Palladio ſon contemporain & intime amy, de la conference & miniſtere duquel il témoigne s'eſtre ſeruy dans la delineation de tous ſes deſſeins.

Ie reſerue pour la concluſion de l'ordre Ionique de faire vne feüille à part de cette maniere de volute, où i'enſeigneray à la tracer regulierement ſelon l'intention de noſtre autheur. Et parce qu'il eſt plus court de la dépeindre que de la décrire, ie me ſeruiray plus vtilement du compas & de la regle pour la demonſtrer, que ie ne ferois en y employant vn long diſcours.

Ie ne trouue rien de remarquable en ces deux profils qu'vne trop grande ſimplicité. Au reſte, la difference des entablemens, tant pour la hauteur que pour la forme, eſt ſi petite, qu'elle n'eſt aucunement conſiderable. Ce qui eſt plus digne d'obſeruation au deſſein du R. Daniel Barbaro, c'eſt qu'il donne à chaque bande de l'architraue vne pente ou eſpece de retraitte par le bas, laquelle eſt expreſſément ordonnée au troiſiéme liure de Vitruue, vers la fin du dernier chapitre ; mais ie trouue que la raiſon perſpectiue ſur laquelle il s'eſt fondé, eſt plus ſubtile pour le diſcours, que ſolide pour l'execution, & ie n'en ay iamais veu d'exemple en aucun ouurage.

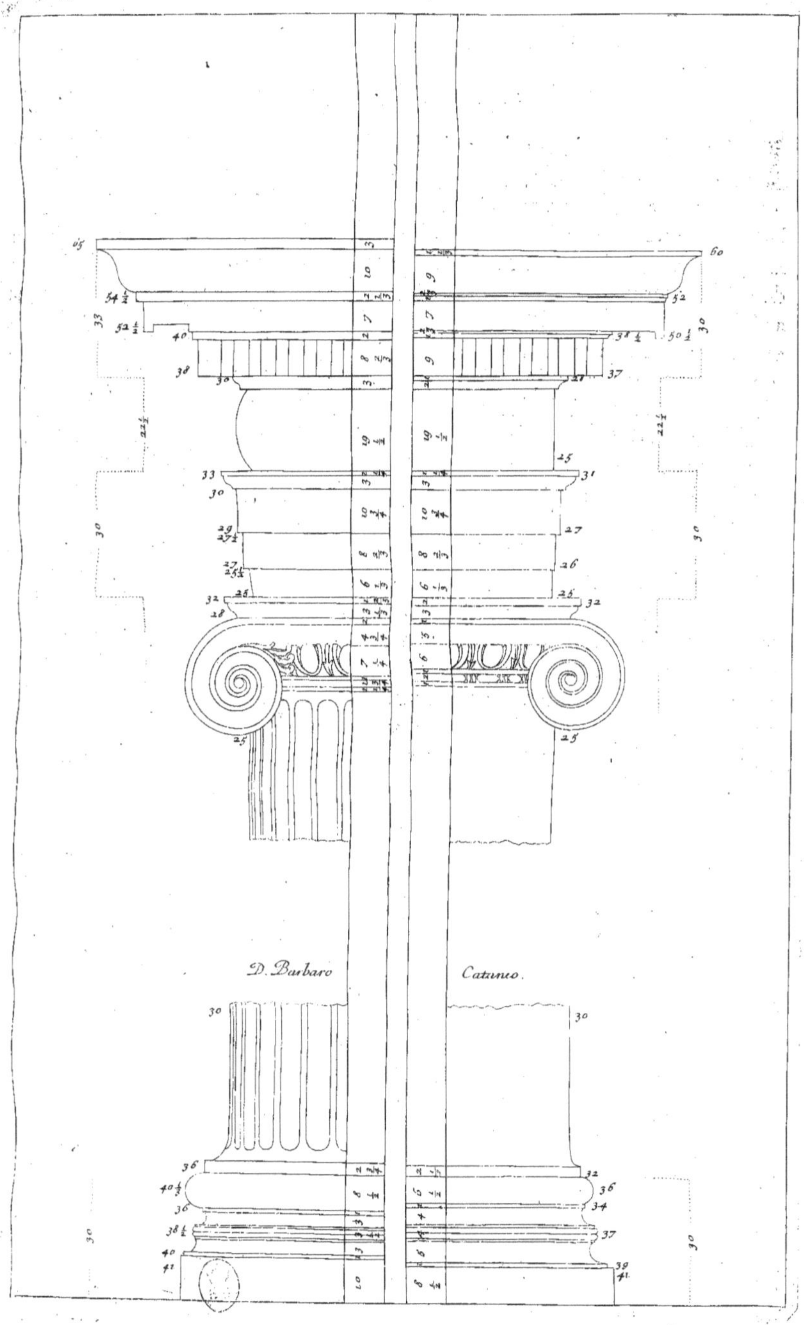
D. Barbaro
Cataneo

L. B. Alberti, & Viola sur l'ordre Ionique.

Chapitre XX.

LA conformité de ces deux desseins à ceux d'André Palladio & de Scamozzi, est si grande, qu'il est aisé de iuger qu'ils se sont aidez reciproquement les vns des autres, c'est à dire, que Viola s'est serui de celuy de Palladio, comme il auoit desia fait en l'ordre Dorique ; & que Scamozzi a imité L. B. Alberti, qui est son ancien de plus de cent ans. Au reste, il est difficile de decider lequel de ces deux profils est preferable, parce que l'ordre Ionique a esté traitté fort diuersement par les antiques, ainsi qu'on peut voir dans les exemples que i'en ay donnez, dont les vns sont enrichis de moulures & d'ornemens, & les autres sont plus simples. Ce que i'aurois desiré icy pour vne plus grande regularité, seroit de couper les denticules sur la platte-bande du dessein de L. B. Alberti, puis qu'il n'a point mis de modillons, comme Viola son compagnon qui a cette excuse : mais pour moy i'eusse plustost employé les denticules, puis qu'ils sont particulierement affectez à l'ordre Ionique, & i'aurois laissé les modillons pour l'ordre suiuant.

Le lecteur se pourra bien souuenir, ou retourner voir à la feüille cy-deuant sur les profils de Palladio & de Scamozzi ce que i'y ay obserué, parce qu'il conuient encore à celui-cy de Viola ; à quoy ie puis adiouster de plus, comme vne nouuelle recharge, qu'il a eu tort d'employer vne autre base que l'Attique, puis qu'il voyoit que son maistre Palladio l'auoit preferée à celle de la composition de Vitruue. Il auroit mieux fait aussi de suiure precisément les modenatures de la corniche du mesme profil de Palladio ; car en voulant déguiser son imitation, y adioustant quelques membres, & y en alterant d'autres, il l'a renduë plus mesquine.

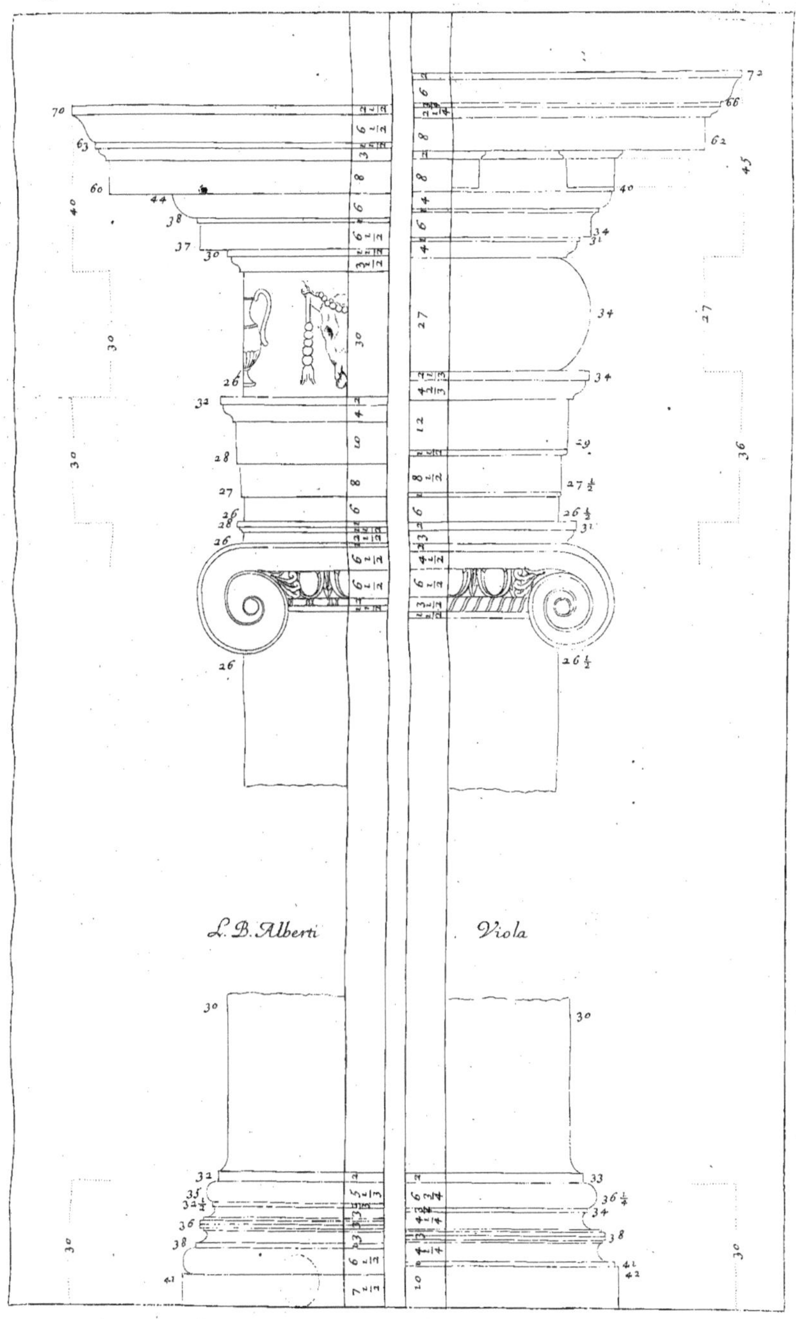
L. B. Alberti
Viola

Bvllant & de Lorme sur l'ordre Ionique.

Chapitre XXI.

CE premier profil est precisément selon Vitruue, comme celuy de Serlio, de Cataneo, & de Daniel Barbaro, qu'on a desia veus: mais il n'y a rien en l'autre qui soit digne d'estre imité, n'estant conforme ny à l'antique ny à Vitruue, & de plus n'ayant aucune regularité en ses parties; car la corniche est camuse, les principaux membres, comme la doucine & le larmier, sont petits & pauures, la frise plus grande que la corniche, & la base de la colonne encore alterée en sa forme & en la mesure de ses membres, entre lesquels la grosseur du tore paroist excessiue, eu égard aux deux scoties qui sont au dessous, outre la repetition inepte des deux astragales sur le plinte. La volute du chapiteau est aussi trop grande, & le fusarole (qui est le collier de la colonne) auec son listeau: en vn mot cette composition est bien placée sur le dernier rang. Mais aprés tout ie suis estonné qu'vn homme de la condition de cét autheur, qui estoit laborieux, comme on peut iuger par ce qu'il dit en son liure touchant les obseruations qu'il auoit faites à Rome sur les antiques, qui auoit vn grand amour naturel à l'*Architecture*, à qui les commoditez n'ont point manqué pour estudier à son aise, & se faire instruire, qui estoit allé par le vray chemin de l'art, & qui a eu d'assez grandes occasions de pratiquer & de mettre en œuure ses estudes; qu'auec tous ces auantages il soit neantmoins tousiours resté entre les mediocres. Cela montre bien que nostre genie nous peut tromper quelquesfois, & qu'il nous porte à des choses pour lesquelles nous n'auons aucun talent.

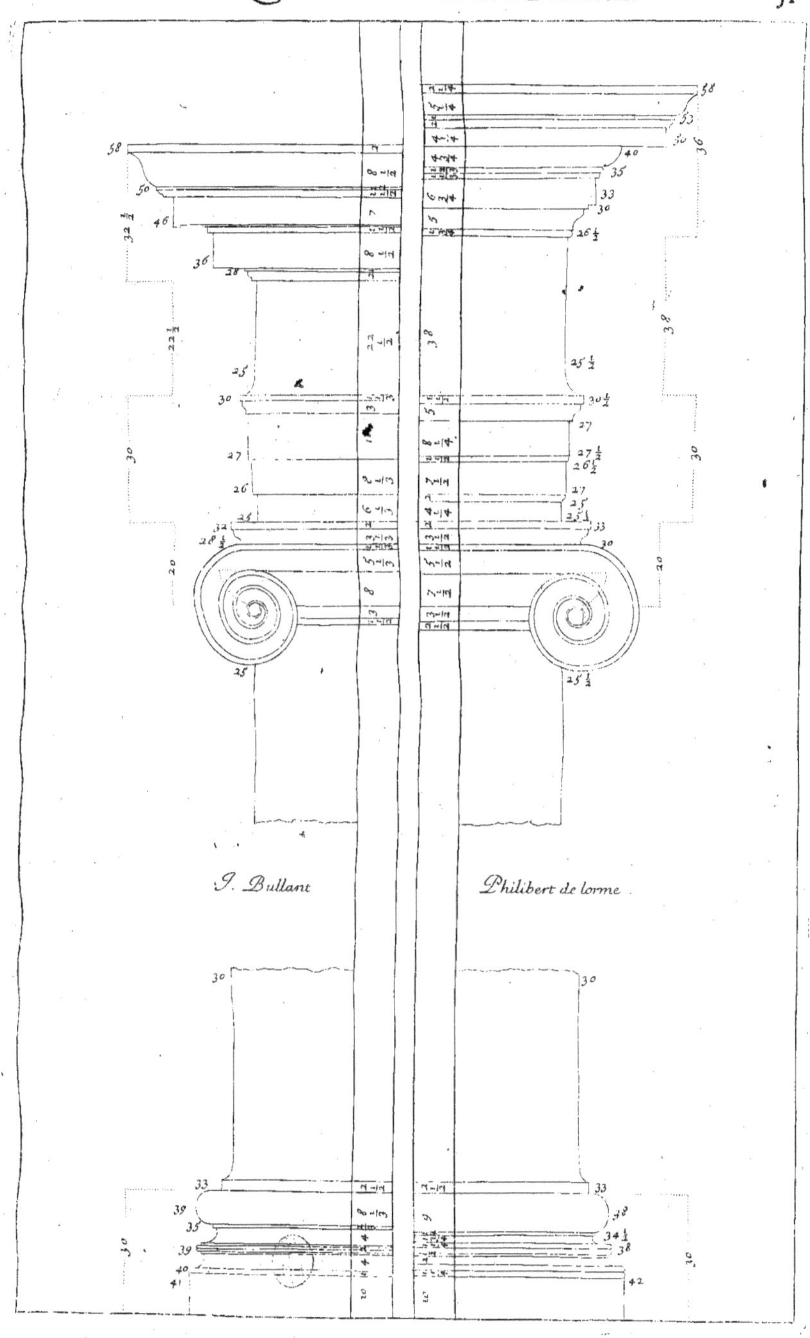
I. Bullant
Philibert de lorme

De l'ordre des Caryatides.

CHAPITRE XXII.

IE ne veux point repeter icy l'histoire dont cét ordre a tiré son origine, elle est assez amplement déduite au chapitre general de l'ordre Ionique, duquel celui-cy n'est qu'vne espece, & toute sa difference consiste au seul changement de la colonne, qui est metamorphosée en vne figure de femme; laquelle mesme ayant quelquefois semblé incommode aux Architectes par la trop grande amplitude des vestemens qui embarassoient le lieu du passage, & la symmetrie des entre-colonnes, ils se contenterent de faire des testes en la place des chapiteaux, aiustant & composant les coëffures en maniere de volutes, sans toucher au reste de la colonne, si ce n'est qu'ils y entaillerent des canneleures, pour representer en quelque façon les plis des robes de ces matrones, parce que cét ornement n'altere point le diametre ny la hauteur de la tige, qui sont les bases & comme le fondement des proportions de l'Architecture.

Ce que i'ay dit cy-deuant des Caryatides au chapitre general de l'ordre Ionique, fait assez entendre qu'il y a peu d'occasions où elles puissent estre employées iudicieusement, quoy que la pluspart de nos modernes se soient donné vne tres-grande licence de les introduire indifferemment en toute sorte d'ouurages; car non seulement dans les palais des grands Princes, dehors & dedans, mais iusqu'aux maisons des particuliers, & dans les Eglises mesme, & les sepultures, tout en est rempli, sans aucun égard à la raison de l'histoire, ny au decore: & bien souuent par vne ineptie insupportable ils font entrer en la place de ces pauures & miserables captiues, des figures venerables, comme les vertus, les muses, les graces, & les anges mesme; au lieu que plustost il y faudroit attacher & emmenotter les vices.

Mais il me suffit d'auoir auerty de cét abus, sans m'amuser dauantage à declamer contre.

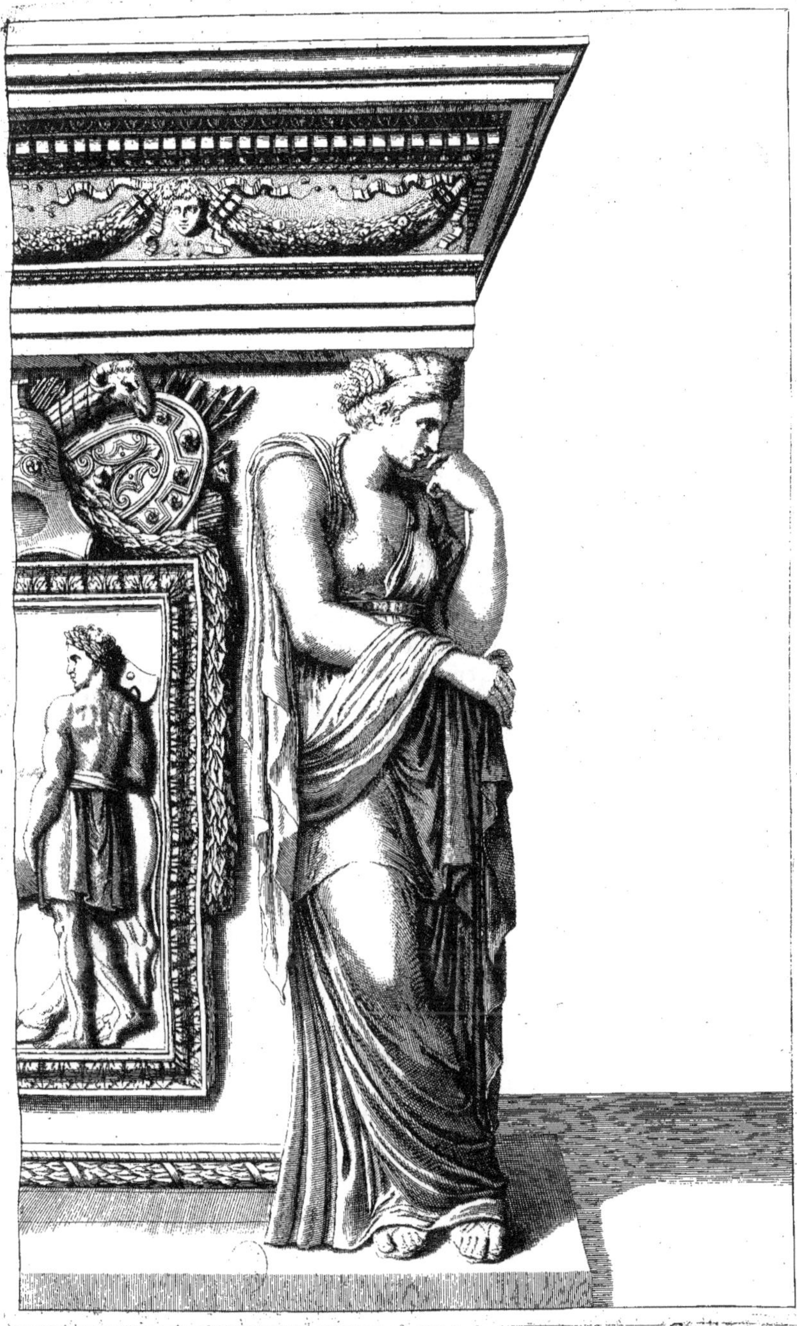

DE L'ORDRE PERSIQVE.

CHAPITRE XXIII.

QVOY que le nom de cét ordre ſoit moins conneu que celuy des Caryatides, ſous lequel il ſemble qu'on veüille exprimer generalement tous les ordres où des figures ſeruent de colonnes; neantmoins il ne faut pas ſuiure l'abus commun, puiſque Vitruue y a mis de la difference au meſme chapitre où il parle des Caryatides: Et parce que celui-cy doit eſtre vn peu plus ſolide eu égard au ſexe, on luy donne d'ordinaire vn entablement Dorique. Pour cette conſideration i'auois eu deſſein de le placer ſur la fin de ce meſme ordre Dorique, ou de le mettre icy le premier ; mais depuis i'ay creu que Vitruue n'en ayant traitté qu'en ſuite des Caryatides, ie ne deuois rien changer en vne choſe de ſi legere importance. Ie me contenteray donc d'aduertir, que les Romains employerent rarement les Caryatides : & en effect il ne s'en rencontre aucun veſtige; bien que Pline au 35. liure chap. 5. ait fait mention de celles de la Rotonde : ce qui donne aſſez à deuiner à nos antiquaires modernes, leſquels ne peuuent trouuer en tout ce temple, qui paroiſt encore fort entier, aucune place commode ny apparente où elles deuſſent auoir eſté. Mais de ces captifs à la Perſienne il en eſt reſté beaucoup d'exemples, quelques-vns deſquels ſont encore preſentement au meſme lieu où ils furent mis en œuure, comme à l'arc de Conſtantin ; & quelques autres qui ont eſté tranſportez en des iardins & en des palais particuliers, ſans qu'on ſçache d'où ils ſont venus. Celui-cy eſt deſſeigné ſur vn excellent original qu'on void à Rome dans le palais de Farneſe.

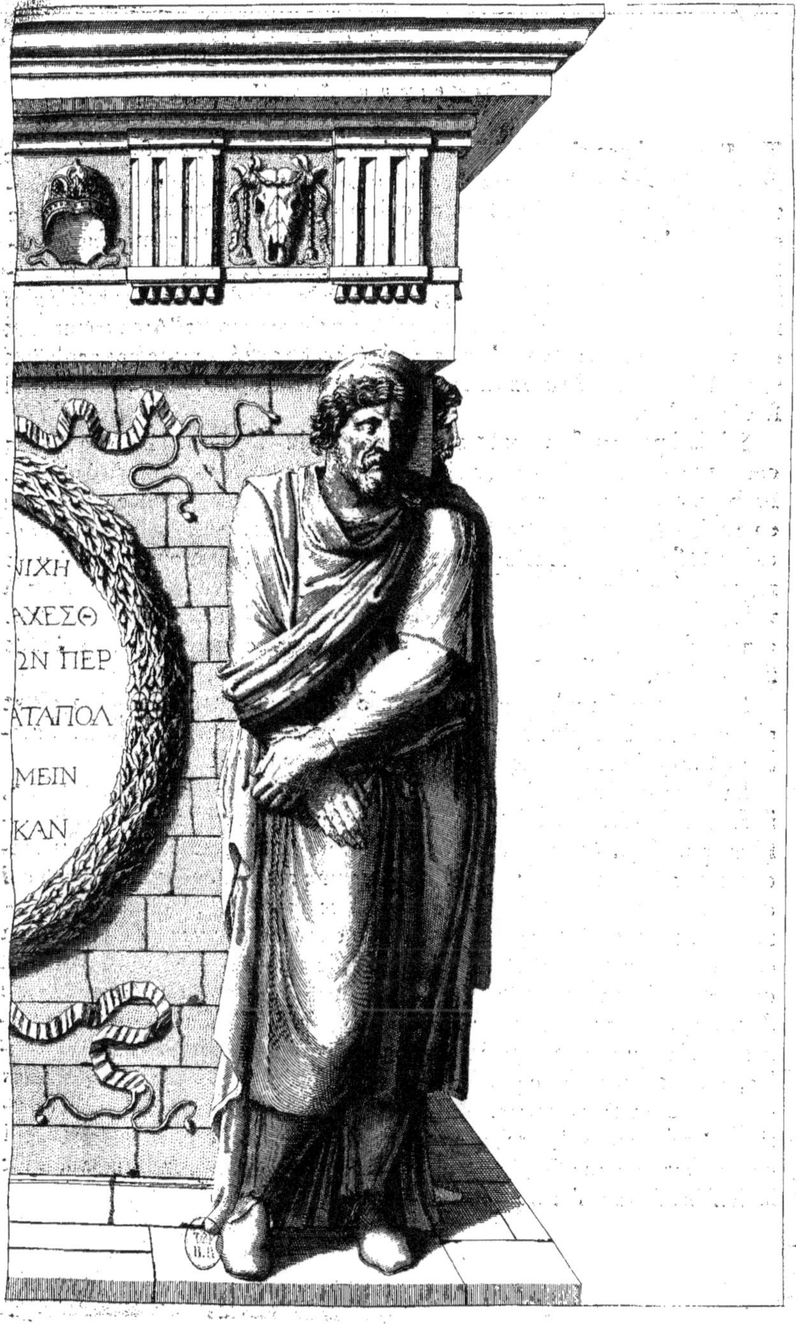
ΝΙΧΗ
ΑΧΕΣΘ
ΩΝ ΠΕΡ
ΑΤΑΠΟΛ
ΜΕΙΝ
ΚΑΝ

Du contournement de la volute Ionique.

CHAPITRE XXIV.

LE corps de ce chapiteau ſans ſa volute, a vne grande conformité auec le Dorique : ce qu'il eſt aiſé de voir en conferant leurs profils l'vn auec l'autre : car la diuerſité de leur forme, qui paroiſt d'abord ſi grande aux yeux de ceux qui n'ont point examiné le détail des membres qui les compoſent, conſiſte toute en l'application de la volute ſur l'abaco, laquelle donne vne varieté tres auantageuſe à l'Ionique, en ce que le trait de ſon contour eſt la plus induſtrieuſe operation de compas qui ſe pratique en toute l'Architecture : & celuy de nos modernes qui l'a retrouuée (car elle a eſté long-temps perduë & tout a fait ignorée de ceux de la profeſſion) a rendu ſans doute vn tres-grand ſeruice à l'art.

Saluiati peintre fameux & contemporain du R^me^ Daniel Barbaro, & par conſequent auſſi de Palladio, en imprima vn petit cahier volant, qu'il dedia à D. Barbaro comme au plus celebre arbitre de l'Architecture de ſon temps, lequel en auoit auſſi l'intelligence, & l'auoit communiquée auec Palladio, qui par occaſion & ſans y penſer fut le premier inueſtigateur de ſa pratique, en ce qu'ayant rencontré parmy des fragmens antiques vn chapiteau de cét ordre, dont la volute eſtoit reſtée imparfaite, & ſeulement ébauchée, il y remarqua les 13. centres de cette ligne ſpirale, qui luy donnent vn contournement ſi noble & ſi ingenieux.

Ie ne veux point m'engager icy en vn long diſcours ſur ſa deſcription, eſtant plus court & bien plus demonſtratif d'aller droit à la methode de ſa delineation. Voicy donc en general comme il y faut proceder.

La hauteur du chapiteau & la partition de chaque membre eſtant faite, il faut regler l'étenduë de l'abaco ſelon la meſure qui eſt chiffrée ſur le profil au poinct 32. & du poinct 28 $\frac{1}{2}$ vn peu au deſſous, où ſa doucine va rencontrer le liſteau de la volute, on abat vne cathete ou ligne à plomb qui doit paſſer au centre de l'œil de cette volute marqué A. laquelle cathete ſera aprés rencontrée à angle droit par vne autre ligne venant du milieu du collarin, & leur poinct d'interſection fera le centre de l'œil ; autour duquel centre décriuant vn cercle de la largeur meſme du collarin : (lequel cercle donnera la iuſte grandeur de l'œil, & le vray lieu de ſa poſition) on y formera dedans vn petit quarré, des angles duquel ayant mené deux diagonales, qui le couperont en quatre triangles, on diuiſera chaque moitié de ces diagonales en trois parties, dont chaque poinct ſeruira de centre conſecutiuement l'vn aprés l'autre, pour former les differents quarts de cercles qui compoſent la ligne ſpirale de la volute. Ils ſont diſtinguez de nombres ſur le deſſein, ſuiuant l'ordre qu'ils doiuent ſeruir.

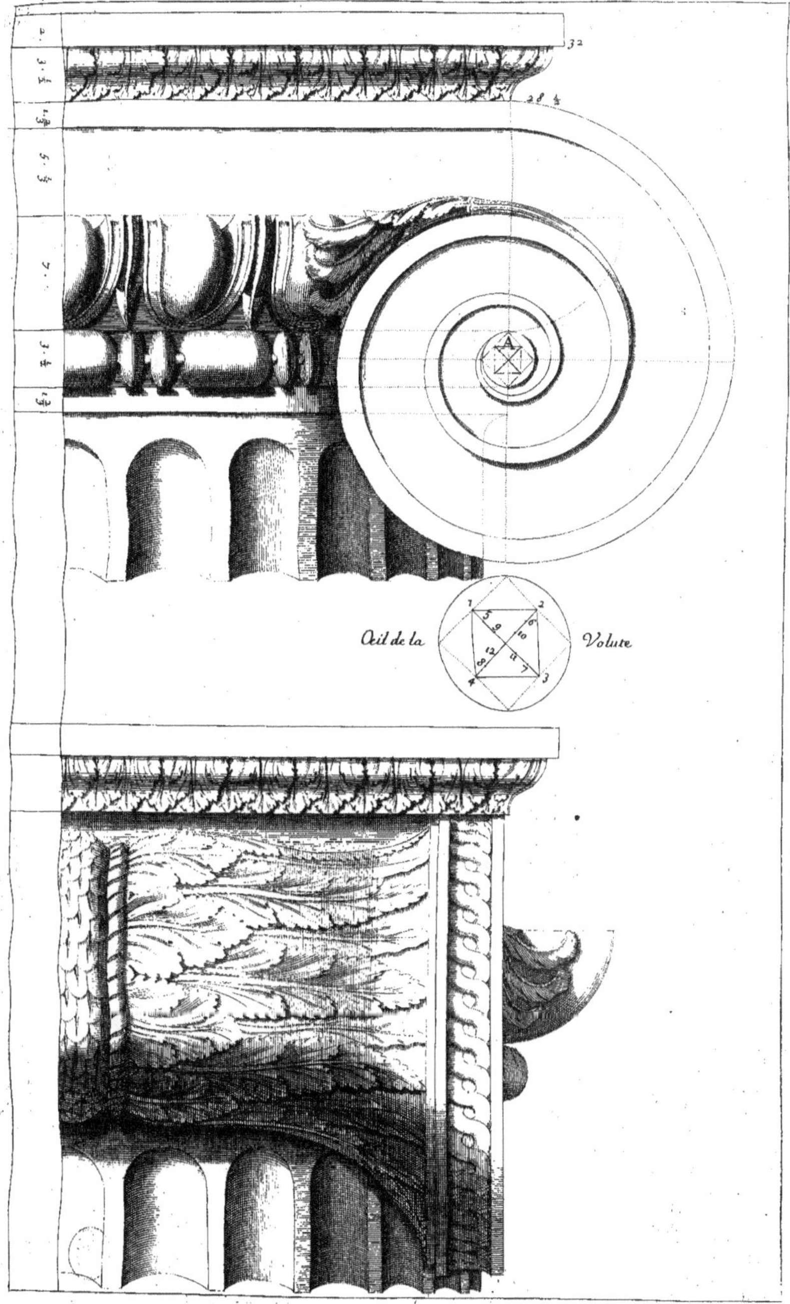
Oeil de la
Volute

Portique du temple de la Fortune virile à Rome, qui eſt maintenant l'Egliſe de ſaincte Marie Egyptienne.

CHAPITRE XXV.

APRE'S auoir bien examiné chaque partie de l'ordre Ionique, & veu en détail la forme & les proportions de tous ſes membres, il eſt comme neceſſaire maintenant pour en auoir vne idée parfaite, de les mettre enſemble, & d'en faire vn corps entier, où l'on puiſſe voir la ſymmetrie & le rapport qu'ils auront entre eux. I'ay choiſi à cét effect vn frontiſpice, qui eſt la plus noble & plus magnifique compoſition dont on puiſſe orner vn baſtiment : Et afin d'eſtre touſiours plus preciſément dans les vrays termes des principes que i'ay poſez, ie me vais ſeruir icy du meſme antique d'où i'ay tiré mon premier modele, ſur lequel ie fonde principalement la regularité de l'ordre Ionique.

Ceux qui auront la curioſité de voir le plan de ce temple auec ſes meſures, & le profil de ſa porte qui eſt tres-belle, ils les trouueront dans le 4. liure de Palladio chap. 13. & en meſme temps ils y pourront voir encore vne des plus curieuſes pieces d'Architecture de tout le liure, qui eſt le plan d'vn chapiteau qu'il nomme angulaire, lequel eſtant mis ſur la colonne de l'angle, fait face de deux coſtez, pour garder touſiours le meſme aſpect auec tous les autres chapiteaux qui ſont ſur les aiſles & à la façade du baſtiment.

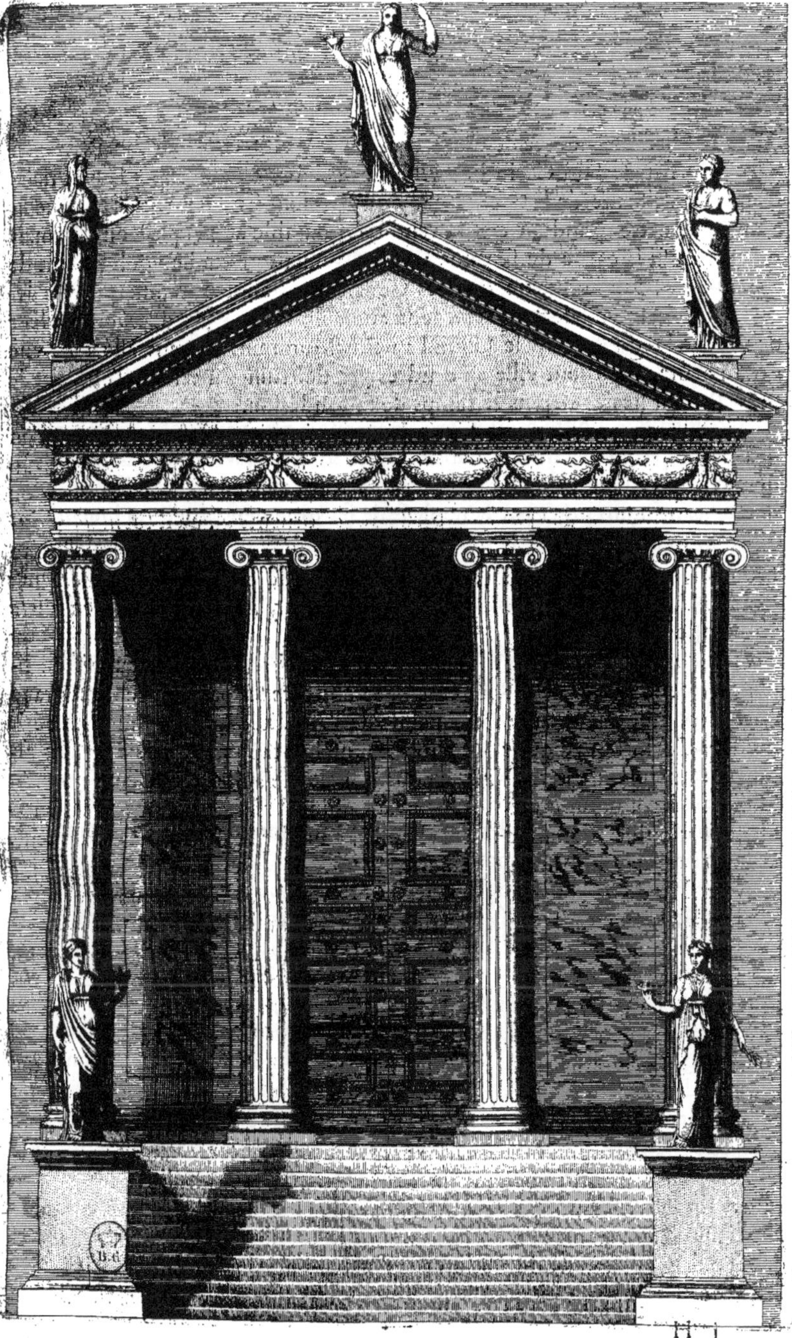

DE L'ORDRE CORINTHIEN.

CHAPITRE XXVI.

LE plus haut degré de perfection où l'Architecture ait iamais monté luy fut dressé à Corinthe, ville tres-celebre & autresfois la plus riche & plus fleurissante de la Grece, quoy qu'à present il ne reste quasi plus aucun vestige de cette grandeur qui la rendit redoutable au peuple Romain, mais qui fut aussi la cause de sa ruine : car cette nation qui ne vouloit point de concurrens, sous pretexte que les Corinthiens auoient rendu quelque déplaisir aux Ambassadeurs qu'elle leur auoit enuoyez, prit occasion de leur denoncer la guerre, & le Consul Lucius Mummius y estant allé auec vne grosse armée, mit leur ville en cendres, & destruisit en vn iour l'ouurage de plus de neuf siecles depuis le temps de sa fondation.

C'est là que nostre ordre Corinthien auoit pris naissance ; & bien qu'on ne sçache pas precisément son ancienneté, ny sous quel regne viuoit ce Callimacus à qui Vitruue refere la gloire de cette excellente production ; on peut neantmoins iuger par la noblesse de ses ornemens, qu'il fut inuenté durant la magnificence & la splendeur de Corinthe, & bien tost aprés l'ordre Ionique, auquel il est fort semblable, à la reserue du chapiteau seulement : car il n'est point fait mention que Callimacus y ait apporté du sien autre chose que le chapiteau.

Vitruue raconte assez au long, au premier chapitre de son quatriéme liure, à quelle occasion cét ingenieux Architecte se forma l'idée de ce grand chef-d'œuure, qui a remporté la palme de l'Architecture, & immortalisé le nom de Corinthe ; & quoy que l'histoire qu'il en rapporte paroisse vn peu fabuleuse au iugement de Villalpandus qui traitte aussi de ce chapiteau dans son second tome liure 5. chap. 23. neantmoins il n'est pas iuste que le sentiment particulier d'vn moderne preuaille à l'authorité d'vn si graue autheur. Voicy donc ce que Vitruue en écrit.

Vne fille de Corinthe estant desia grande tomba malade, & mourut : aprés le iour de ses funerailles, sa nourrice ayant ramassé dans vn pannier certains petits vases auec lesquels elle se diuertissoit durant sa vie, elle les alla porter sur son tombeau : & afin qu'ils se conseruassent plus long-temps contre les iniures de l'air, elle les couurit d'vne tuile. Or le pannier s'estant fortuitement rencontré sur vne racine d'Acante, cette herbe vint à pousser vers la saison du printemps, & ietter des feüilles, dont les tiges qui montoient le long du corps du pannier, ayant rencontré les coins de la tuile, furent contraintes par sa pesanteur de courber leur cime en bas, formant comme vne maniere de volutes. Alors le sculpteur Callimacus, (qui pour la delicatesse de son trauail sur le marbre, & la gentillesse de ses inuentions fut surnommé par les Atheniens *Catatechnos*, c'est à dire industrieux) passant auprés de ce monument, considera ce pannier, & la tendresse de ces ornemens de feüilles naissantes tout alentour, dont la maniere & la forme luy ayant pleu par leur nouueauté, il fit des colonnes à Corinthe ſur ce modele, & en ordonna les ſymmetries, diſtribuant aprés dans ſes ouurages la proportion conuenable à chacun des autres membres ſelon cette eſpece Corinthienne. Voila ce qu'en dit Vitruue. Mais Villalpandus qui veut donner à ce chapiteau vne plus noble & plus ancienne origine, pretend que les Corinthiens l'auoient tiré du temple de Salomon, duquel Dieu meſme auoit eſté l'Architecte : & pour eluder ce que Vitruue nous en vient d'apprendre, il fait voir que les chapiteaux d'Acante n'ont quaſi point eſté mis en œuure par les antiques, qui les tailloient ordinairement à feüilles d'oliue ; & prouue en ſuite par le texte de la Bible, & par quelques autres hiſtoriens qui ont fait la deſcription de cette diuine Architecture, que les vrays originaux du temple eſtoient à branches de palme portant du fruit, à quoy les feüilles d'oliue ont plus de correſpondance. Le deſſein qu'on en verra cy-aprés auec tout l'entablement de l'ordre, que i'ay deſſeigné preciſément ſelon les meſures que Villalpandus en a recüeillies, leſquelles i'ay voulu ſuiure ſans m'arreſter au profil qu'il a fait grauer, montrera mieux que ie ne ſçaurois écrire la beauté de cette compoſition. Cependant pour ne prendre point le change, & demeurer dans les termes de l'Architecture Corinthienne qui a eſté pratiquée par ces grands maiſtres de l'antiquité tant Grecs que Romains, de laquelle il reſte encore maintenant de ſi merueilleux veſtiges & des temples meſme tous entiers, qui ſont des leçons demonſtratiues & tres-expreſſes des modenatures de cét ordre : i'en ay choiſi vn des plus celebres pour m'y conformer entierement, ſans auoir égard à l'opinion des autheurs modernes, puis qu'ils ont deu prendre le meſme chemin, & ſe regler auſſi bien que moy ſur ces exemples originaux.

La Rotonde (qu'on appelloit autresfois le Pantheon) ayant touſiours eu l'approbation vniuerſelle des intelligens, comme le plus regulier ouurage Corinthien, & le plus fameux de tous les reſtes de l'ancienne Rome, m'a ſemblé le meilleur modele que ie peuſſe prendre, quoy qu'il s'y en trouue d'autres beaucoup plus riches en ornemens, & d'vne beauté plus delicate; mais comme les gouſts ſont differents, i'ay ſuiuy le mien qui ayme les choſes ſolides & vn peu ſimples, leſquelles me ſemblent plus maieſtueuſes. Neantmoins parce qu'il eſt ſouuent neceſſaire à vn Architecte de s'accommoder à l'humeur de ceux qui l'employent; & qu'il ſe rencontre auſſi des occaſions où il faut paroiſtre magnifique, comme à des Arcs de triomphe, aux Palais des Roys, aux Baſiliques & aux Thermes qui eſtoient fort en vſage au temps des anciens, & en d'autres ſemblables grands edifices, où l'on conſidere principalement le luxe & la profuſion : i'en vais rapporter quelques exemples des plus fameux de l'antiquité, le premier deſquels ſera ce grand reſte de frontiſpice qu'on appelloit la Tour de Neron, lequel a eſté démoli depuis trente années, à la honte de ce ſiecle icy, par l'auarice de quelques particuliers.

C'eſtoit vne des plus rares pieces de l'antiquité, tant pour la beauté & la richeſſe de ſes ornemens, que pour la compoſition des membres de l'ordre, qui ſemble meſme en papier fiere & terrible : le iudicieux Architecte de cét ouurage ayant bien ſceu introduire en ſon deſſein vne grandeur de maniere, laquelle égaloit celle des maſſes de pierres qu'il fit entrer en la ſtructure de cét edifice giganteſque, dont les colonnes auoient ſix pieds de diametre.

On ne ſçait pas bien au vray qui le fit baſtir, ny à quel vſage il ſeruoit; les vns eſtimant que ce fut vn temple conſtruit par l'Empereur Aurelian, & dedié au ſoleil : & quelques autres que ce n'eſtoit qu'vn palais particulier. Le vulgaire tient par tradition que Neron l'auoit ainſi éleué pour voir brûler Rome, ce qui n'a guere de vray-ſemblance, vn ſi grand ouurage ne pouuant pas eſtre fait qu'auec bien du temps. Mais quoy qu'il en ſoit, il eſt certain que ç'a eſté le plus magnifique & le plus grand ordre Corinthien qu'on ait veu à Rome, comme on connoiſtra par le deſſein que i'en donneray aprés celuy du profil du portique de la Rotonde, qui eſt le modele ſur lequel ie regle les proportions des modenatures Corinthiennes.

Ce premier deſſein eſt vne ſimple repreſentation de l'hiſtoire de Callimacus que ie viens de rapporter, & il ne tient lieu icy que d'vn ornement.

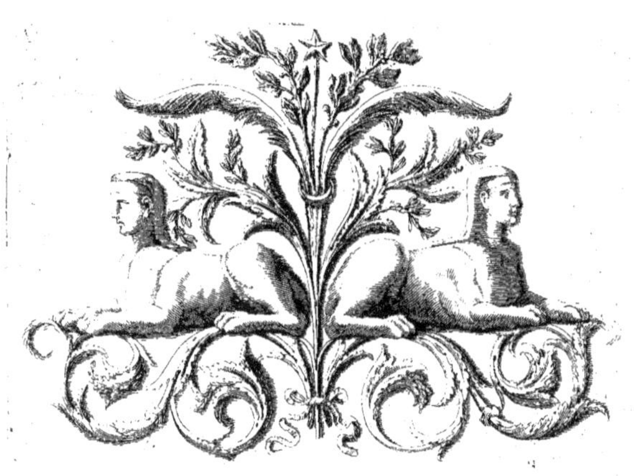

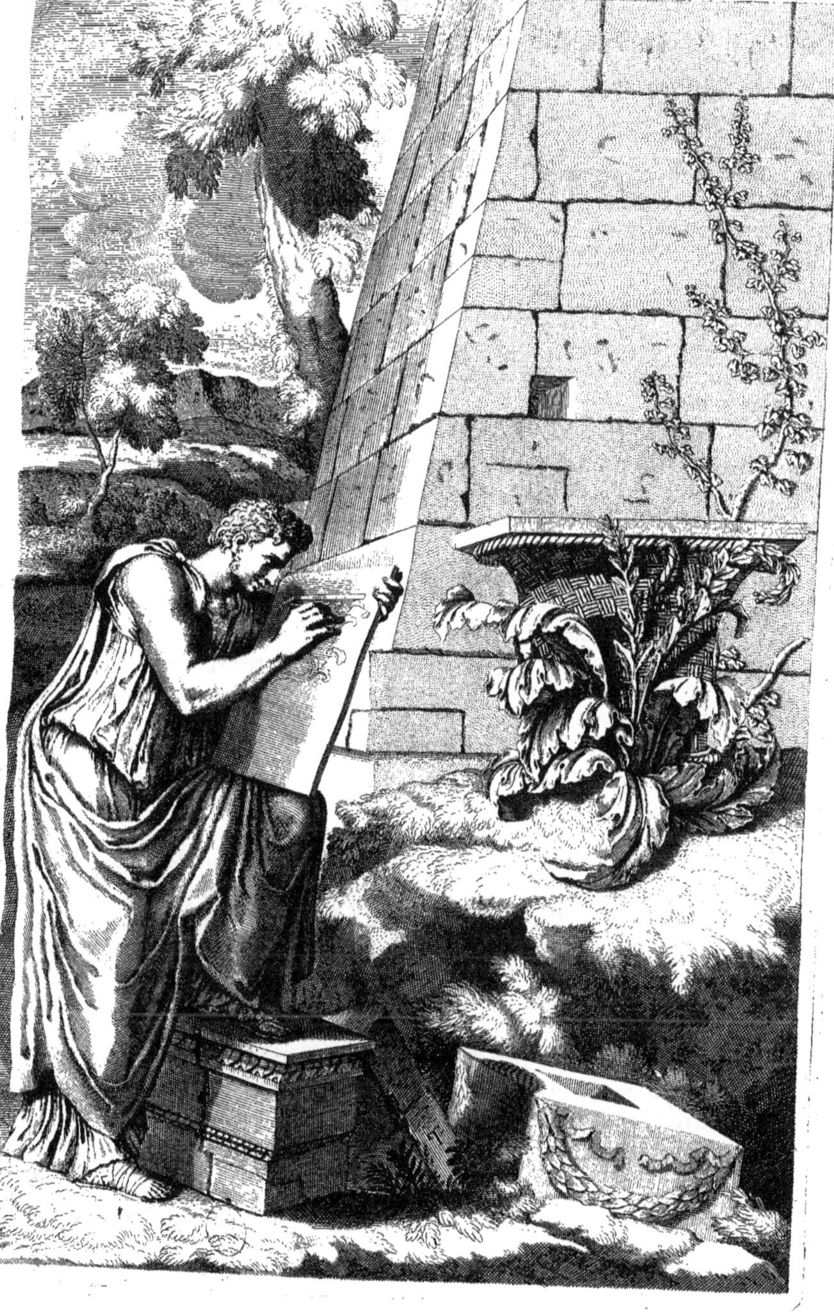

Profil Corinthien tiré du portique de la Rotonde à Rome.

CHAPITRE XXVII.

TOVTE la hauteur de l'ordre depuis la baſe iuſqu'à la corniche monte à vingt & trois modules & deux tiers, deſquels la colonne auec ſa baſe & ſon chapiteau en contient dix-neuf ; & l'entablement quatre & deux tiers : de ſorte que cét entablement (qui eſt l'architraue, frize, & corniche) a vn quart de ſa colonne. Et quoy qu'il ſemblaſt aſſez raiſonnable de ſuiure le ſentiment de quelques autheurs qui ne luy en donnent qu'vn cinquiéme; neantmoins on trouue que les antiques les plus celebres, comme noſtre frontiſpice de Neron, & les trois colonnes de Campo vaccino à Rome, qui paſſent au iugement des Architectes pour le plus beau reſte de l'antiquité, ont l'entablement d'vn quart tout entier. C'eſt pourquoy i'eſtime plus aſſeuré de ſe tenir dans les bornes de noſtre exemple de la Rotonde, de peur qu'en penſant rendre cét ordre plus égayé, il ne deuinſt plus meſquin.

Voicy ſa compoſition en general, & les meſures des principaux membres, dont le module eſt touſiours le demidiametre de la colonne, diuiſé en trente minutes.

Toute la hauteur de l'ordre a vingt & trois modules & deux tiers, qui font en minutes ———— 710.

La baſe a preciſément vn module ———— 30.

La tige de la colonne a quinze modules & deux tiers, moins deux minutes, ———— 468.

Le chapiteau a deux modules & vn tiers preciſément, ———— 70.

L'entablement, c'eſt à dire l'architraue, frize & corniche, quatre modules, deux tiers, & deux minutes de plus, ———— 142.

Pour ce qui eſt du menu détail de chaque partie, il ſeroit trop long & ſuperflu de le ſpecifier icy ; le deſſein le montrera plus intelligiblement.

I'ay enſeigné ſur la fin du 2. chap. de ce liure, comment il faut faire le calcul d'vn ordre, pour examiner la proportion qu'a l'entablement auec ſa colonne, & voir s'il eſt regulier : Ce ne ſera pas vn temps perdu au lecteur d'en faire la preuue ſur chaque profil. Mais ie l'auertis auparauant, qu'il y a trois ſortes de proportions differentes toutes belles & qui peuuent conuenir à cét ordre Corinthien ; à ſçauoir le Quart, comme en ce profil & au ſuiuant : les deux Neufuiémes, qui ſont la moyenne proportionnelle du Quart au Cinquiéme, comme au troiſiéme profil, tiré des Thermes de Diocletian : & le Cinquiéme, comme aux profils de Palladio & de Scamozzi, lequel ſe rencontre plus rarement dans les antiques.

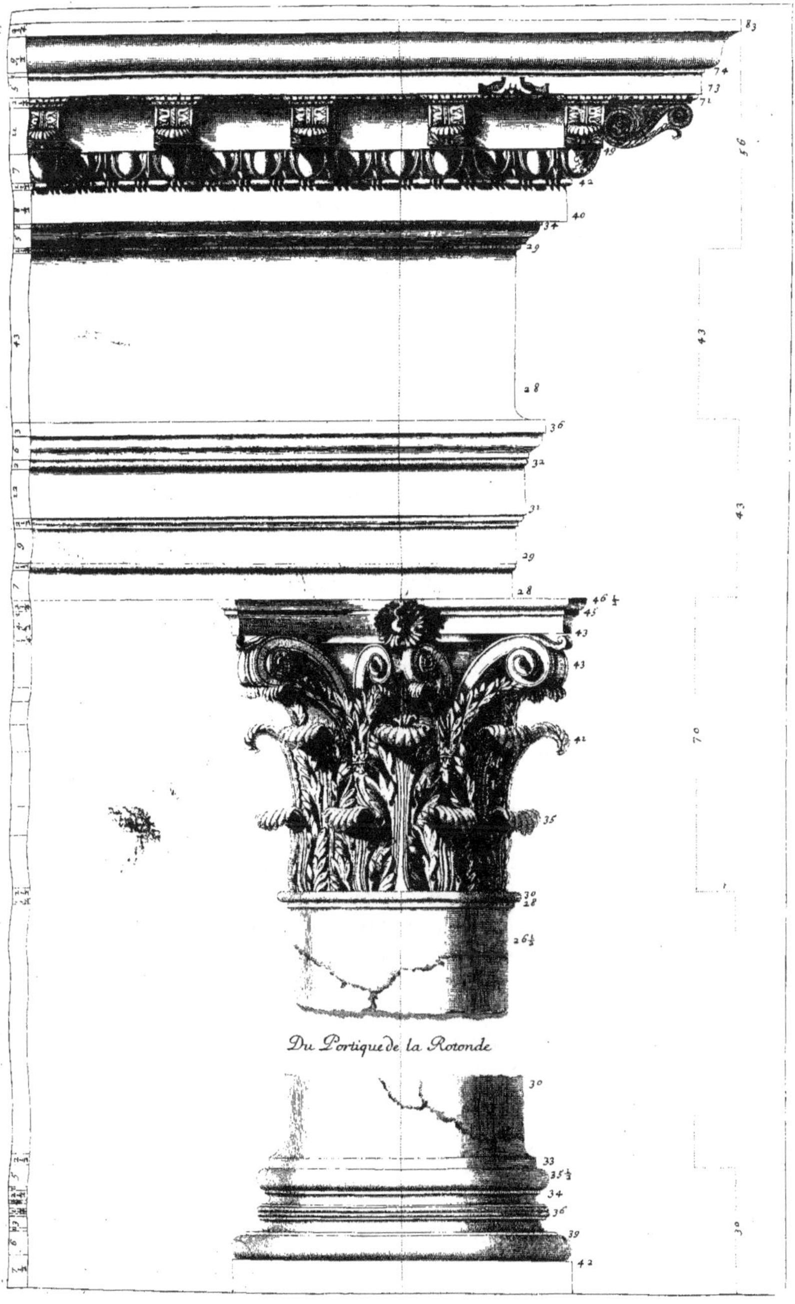

Du Portique de la Rotonde

Eleuation perspectiue d'vn excellent profil Corinthien qui estoit au frontispice de Neron à Rome.

CHAPITRE XXVIII.

QVOY que cette piece d'Architecture fust vne des plus magnifiques de toute l'antiquité, tant pour l'excellence & la richesse de ses ornemens, que pour la grandeur de l'œuure; neantmoins ie n'ay iamais pû apprendre determinément quelle sorte d'edifice ce pouuoit estre, ny mesme sçauoir sous quel regne il fut basti; les vns voulant que ce fust vn temple que l'Empereur Aurelian auoit dedié au soleil, & les autres que ce n'estoit qu'vn palais particulier basti par Neron, dans lequel il auoit placé cét extrauagant colosse de bronze, qui mit les dernieres bornes à la folie des sculpteurs de ces temps-là, lesquels par vne profanation sacrilege de leur art, feignoient de vouloir deifier les Empereurs, en leur dressant des statuës d'vne grandeur prodigieuse, comme on faisoit autresfois aux Dieux, à qui cét honneur deuoit tousiours estre reserué. André Palladio estime que c'estoit vn temple de Iupiter; quelques autres coniecturent que ce pouuoit estre la maison des Cornelies, & ainsi chacun en pense diuersement. Mais puis que la verité de cette question est indifferente à nostre suiet, qui ne considere que ce qui est de l'Architecture, i'en laisseray le debat aux antiquaires.

Les colonnes auoient dix diametres de hauteur, & leur diametre estoit de six pieds; tellement que cette grandeur si excessiue, qui passe au delà de tout ce qui s'est basti à Rome deuant & depuis, me fait croire que ce pouuoit estre vn ouurage de Neron. La composition generale de ce profil est d'vne excellente idée, & chaque membre assez regulier. Au reste i'ay estimé qu'il estoit auantageux de le faire voir en perspectiue, pour monstrer l'effect terrible de cette maniere de dessein, qui mesme en papier, & sans exceder les bornes & les proportions que l'art a prescrites, represente à l'œil vne grandeur quasi estonnante; laquelle vient en partie de la proietture extraordinaire de l'entablement, dont le larmier porte sa saillie fort loin au delà des modillons; ce qui fait paroistre à la verité les colonnes vn peu foibles & surchargées; mais l'Architecte y auoit iudicieusement pourueu, en se seruant de la maniere de colonate que les Grecs nommerent *Picnostylos*, où les colonnes se mettent fort prés les vnes des autres. Or parce que ceux qui n'ont estudié l'Architecture que sur des simples *profils*, pourroient s'estonner de voir icy quelques membres extraordinairement éloignez de leur proportion accoustumée, ie les aduertis que c'est par vn effect de l'Optique, laquelle ne monstre iamais à l'œil les choses auec precision, mais les va changeant selon les diuers aspects & les distances d'où elles sont veuës; & les membres qui en reçoiuent vne plus sensible alteration, sont ceux desquels la superficie est flexueuse & circulaire; comme la doucine qui fait le couronnement de la corniche, laquelle estant veuë d'embas, & estant encore la plus auancée sur le plan, reçoit vn notable accroissement de hauteur: la mesme raison aussi fait diminuer la colonne, parce qu'elle est plus auant dans la profondeur du plan, qu'aucun autre membre.

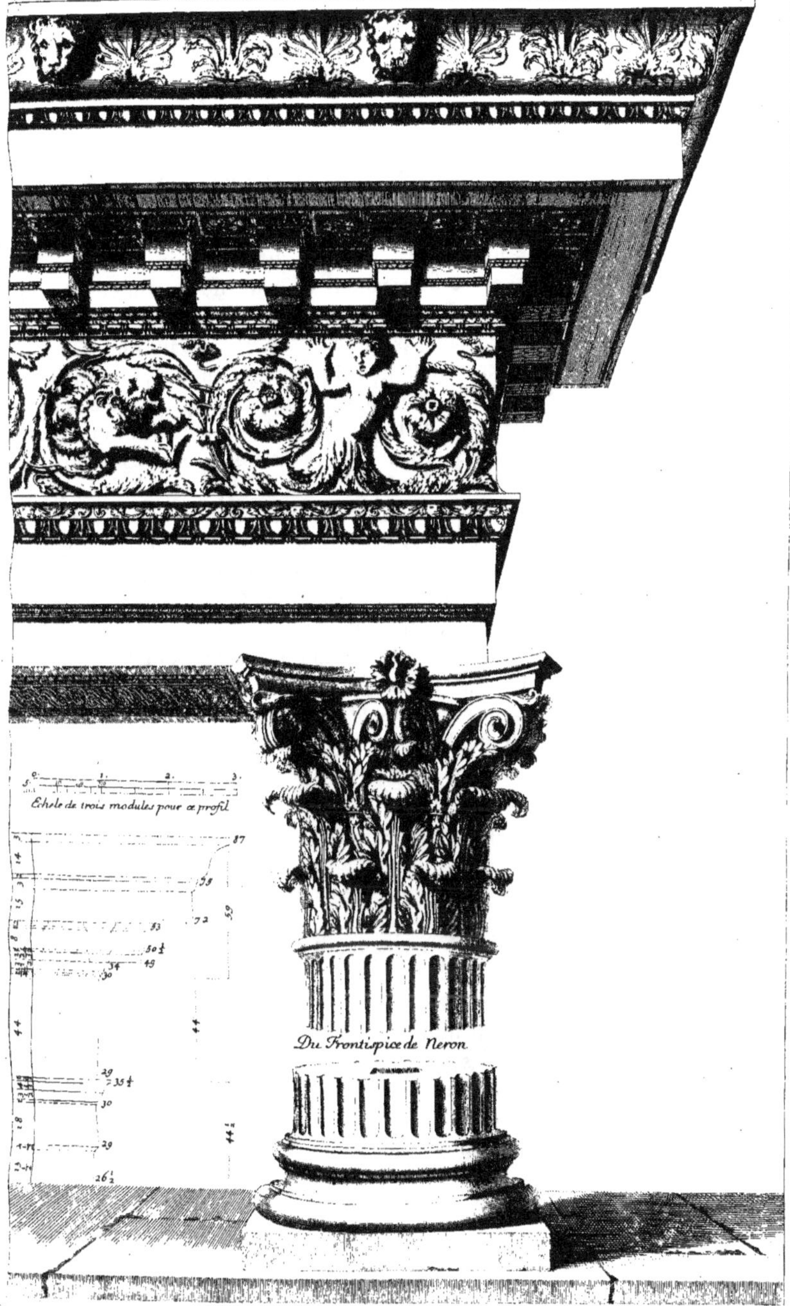
Echele de trois modules pour ce profil
Du Frontispice de Neron

Autre profil Corinthien tres-riche & tres-chargé d'ornemens, tiré des Thermes de Diocletian à Rome.

CHAPITRE XXIX.

APRE'S cét exemple Corinthien il ne faut plus rien chercher de riche dans l'Architecture, mais il n'appartient qu'aux iudicieux de le mettre en œuure, car l'abondance des ornemens n'est pas tousiours estimable, ny auantageuse à vn edifice ; au contraire à moins que le suiet y oblige par des considerations tres-fortes, il ne faut iamais en faire de profusion, parce qu'ils embroüillent les facomes, & font naistre entre les membres vne confusion qui blesse l'œil des sçauans, & qui est antipathique au nom d'ordre. On ne doit donc l'employer qu'aux grands ouurages publics, aux maisons royales, & à ces palais qui se bastissent seulement par magnificence : comme anciennement à Rome les Thermes de Diocletian, d'Antonin, & de Traian, dont on void encore de si superbes vestiges, & où ce profil fut obserué & desseigné par le fameux antiquaire Pyrro Ligorio en l'année 1574. depuis lequel temps ces grands theatres d'Architecture ont esté démantelez de plusieurs colonnes auec tous leurs ornemens, & d'vn bon nombre d'autres excellentes pieces, dont i'ay des desseins de diuers maistres, qui auoient fait là de bonnes & curieuses obseruations sur beaucoup de belles choses qui maintenant ne s'y trouuent plus.

Le diametre des colonnes de ce profil arriuoit à quatre palmes : le chapiteau auoit cela de particulier, que ses caulicoles estoient en façon de cornes de belier, mais auoit au reste la proportion & le feüillage ordinaire. Tous les ornemens en general estoient si artistement elabourez, & acheuez auec tant d'amour & de politesse, que Pyrro Ligorio en ayant fait le dessein, écriuit au bas, qu'on eust dit, à voir la delicatesse de cét ouurage, que les sculpteurs l'auoient trauaillé auec des outils musquez.

PROPORTIONS DE L'ORDRE.

La colonne auec sa base & son chapiteau a vingt modules, lesquels reduits en minutes, dont 30. font le module, montent à ———— 600.

L'architraue a vn module & vn tiers ———— 40.

La frize pareillement a vn module & vn tiers ———— 40.

La corniche a deux modules, moins huict minutes. ———— 52.

Tout l'entablement vient à deux neufiémes de la hauteur de la colonne, qui est vne belle proportion, & qui fait tres-bien en œuure.

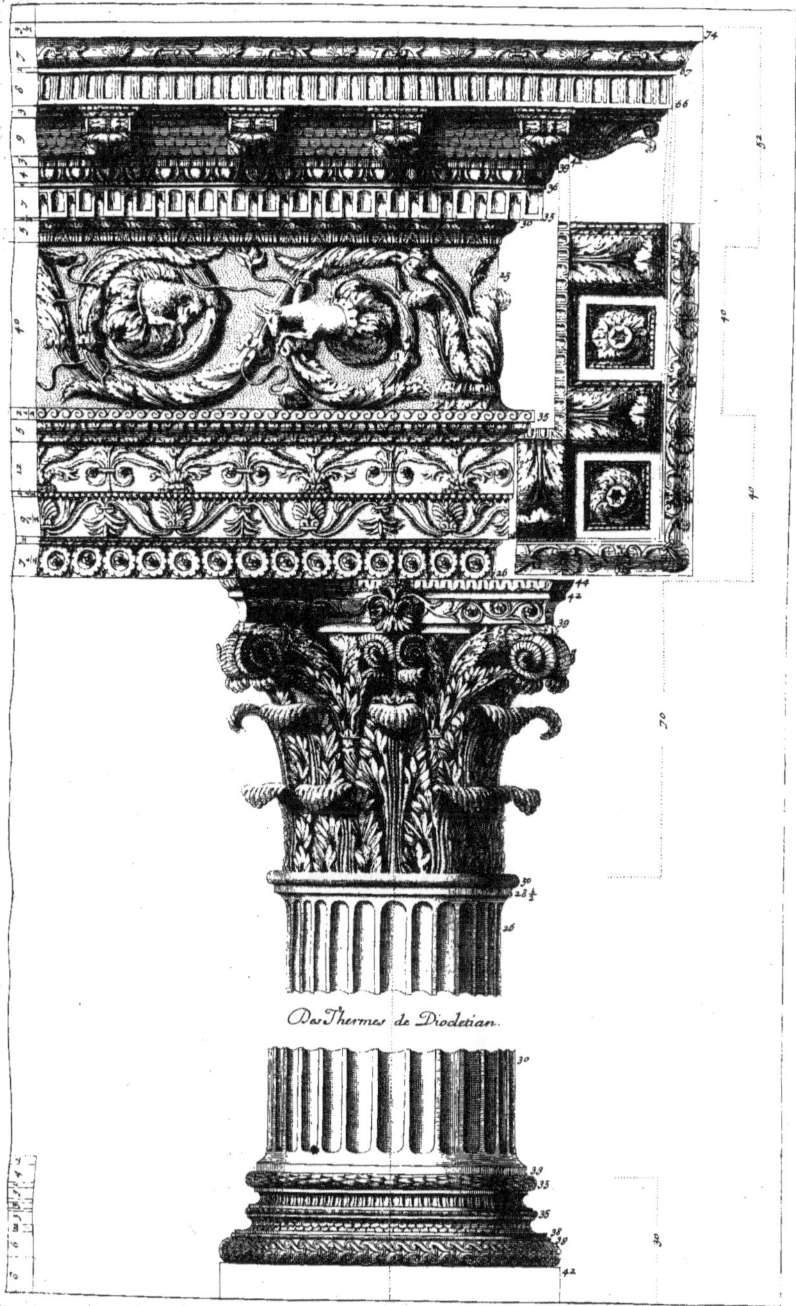

Des Thermes de Diocletian.

Profil Corinthien du Temple de Salomon, tiré de Vilalpandus.

CHAPITRE XXX.

VOICY vne eſpece d'ordre particuliere, mais d'vne excellente compoſition : & quoy que ie n'oze pas aſſeurer que ce profil ſoit preciſément le meſme que celuy du temple de Salomon, (qui eſt le modele que ie me ſuis propoſé) neantmoins autant qu'on peut approcher de cette diuine idée par la deſcription qui en paroiſt dans la Bible, & en quelques hiſtoriens celebres que Vilalpandus rapporte en ſon grand ouurage, où les ornemens & toutes les principales proportions de chaque membre ſont exactement ſpecifiées, ie croy qu'il luy eſt aſſez conforme. La compoſition en eſt toute Corinthienne, quoy que les feüillages du chapiteau & ſes caulicoles ſoient de palmes, & que la frize de l'entablement ait emprunté l'ornement Dorique, qui ſont des trigliphes, la ſolidité deſquels n'a pas beaucoup de conformité auec la delicateſſe Corinthienne. Mais quelque nom qu'on veüille donner à cét ordre, (neantmoins Ioſephe dit que c'eſtoit le Corinthien) il eſt aſſeuré qu'il n'y en a iamais eu de plus parfait ; & bien que le Corinthien ſoit vn ordre tendre & virginal, lequel ne demande pas cette fermeté & virilité Dorique, qui nous eſt ſymboliſée par les trigliphes ; ſi eſt-ce qu'on peut en certaines occaſions l'y introduire auec tant d'addreſſe & de raiſon, qu'elle ſera non ſeulement excuſable, mais tres-iudicieuſe. Par exemple, ayant à conſtruire des egliſes ou des autels à ces genereuſes vierges, qui dés leur ieuneſſe ſouſtinrent la cruauté des tyrans pour la defenſe du Chriſtianiſme, & ſurmonterent toutes ſortes de ſupplices par leur conſtance, que peut-on imaginer de plus expreſſif, & de plus ſortable à leur courage, que ce diuin ordre ? Il peut encore auoir lieu en quelques ſuiets profanes, comme en des Arcs de triomphe, & autres ſemblables edifices. En vn mot, puis qu'il faiſoit la decoration de ce fameux temple de Ieruſalem, qui n'a iamais eu d'égal, on peut l'appeller auec raiſon la fleur de l'Architecture, & l'ordre des ordres.

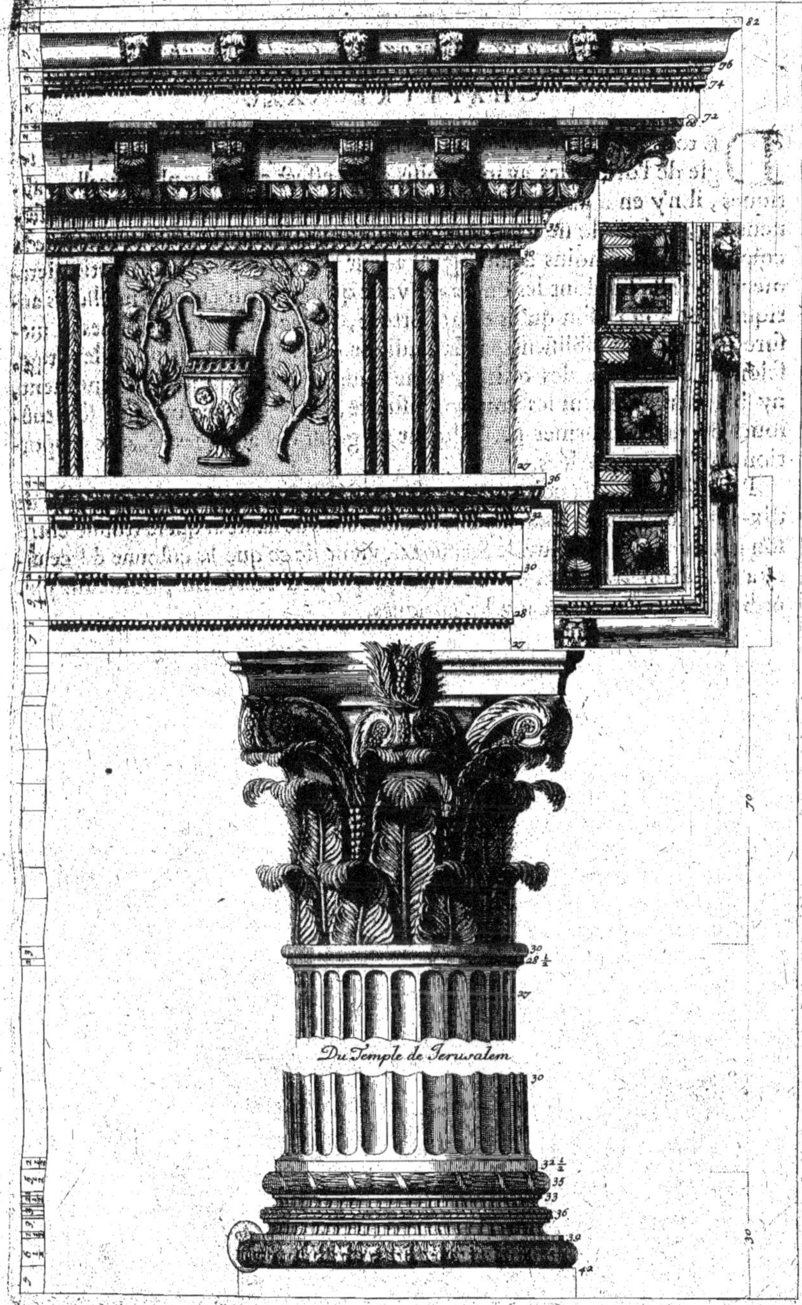
Du Temple de Jerusalem

PALLADIO & SCAMOZZI sur l'ordre Corinthien.

CHAPITRE XXXI.

DE tous les exemples Corinthiens que i'ay cy-deuant donnez pour regle de l'ordre, les ayant choisis à cét effect entre les plus excellens antiques, il n'y en a pas vn seul de la proportion que ces deux maistres obseruent icy, qui est de ne faire l'entablement que d'vne cinquiéme partie de la colonne : Neantmoins ayant égard à leur grande reputation, (particulierement de Palladio dont les ouurages vont quasi du pair auec les meilleurs antiques) & à la raison qu'ils en apportent, de décharger les colonnes à mesure qu'elles s'affoiblissent par la hauteur & par la diminution de leur tige, selon la delicatesse des ordres, ie ne sçaurois contredire à leur sentiment, ny blasmer ceux qui les voudront suiure, quoy que ma maxime soit toûiours de me conformer precisément au goust des antiques, & aux proportions qu'ils ont gardées.

Palladio ne fait sa colonne que de neuf diametres & demy, c'est à dire de dix-neuf modules; tellement que la difference de hauteur qui se trouue entre son entablement & celuy de Scamozzi, vient de ce que la colonne de celuicy a dix diametres; qui est aussi vne proportion excellente, & mesme plus ordinaire que l'autre parmy les antiques.

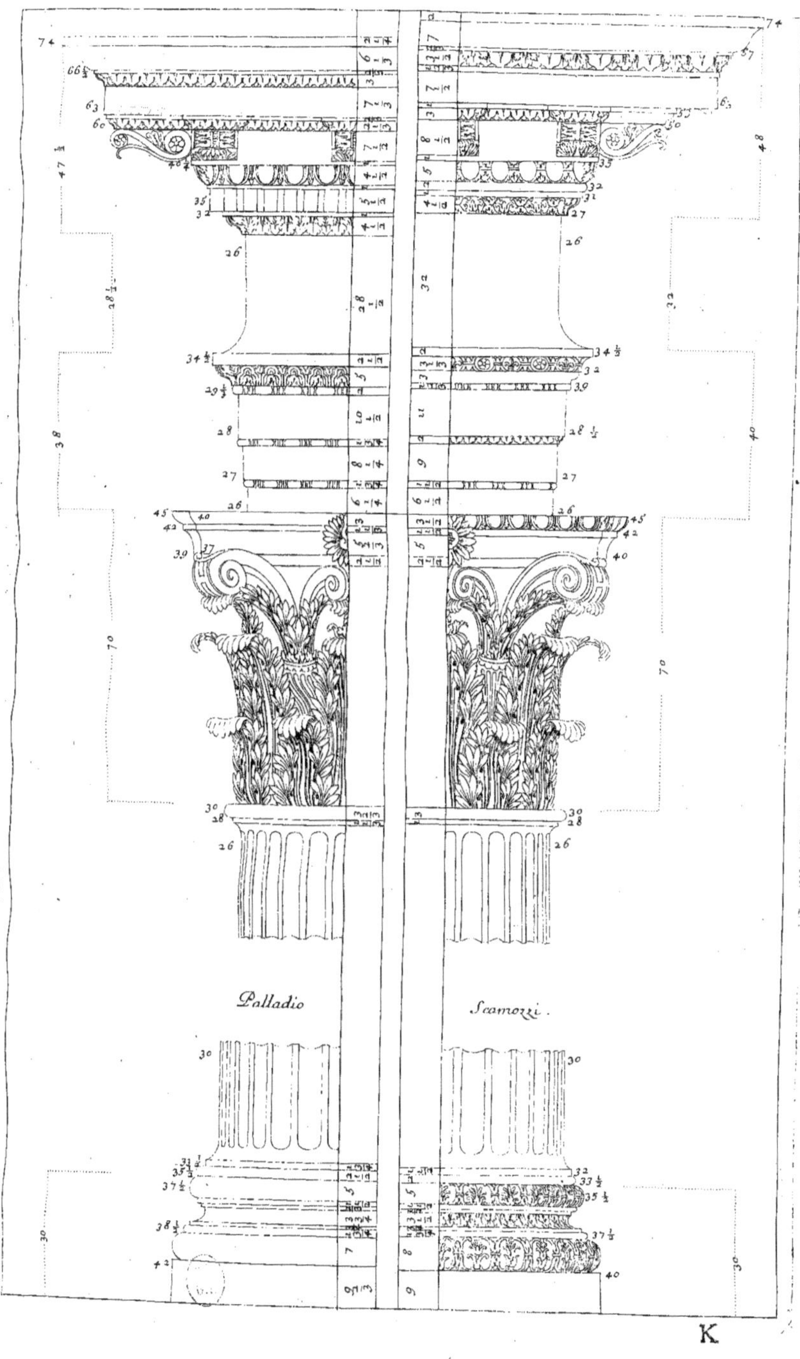
Palladio
Scamozzi.

SERLIO & VIGNOLE sur l'ordre Corinthien.

CHAPITRE XXXII.

IL me semble voir vn geant auprés d'vn pygmée, tant il y a de disproportion entre ces deux maistres : & la raison de cette inégalité si extraordinaire prouient de deux causes ; la premiere est que Serlio ne donne à l'entablement de son profil qu'vne cinquiéme partie de la colonne, au lieu que Vignole fait le sien d'vn quart tout entier, & excede mesme encore de quelques minutes : la seconde est que Serlio suiuant Vitruue, ne fait la hauteur de sa colonne que de neuf diametres, & Vignole luy en donne dix ; ce que i'auois remarqué desia cy-deuant en l'ordre Ionique, où le mesme inconuenient s'estoit aussi rencontré. Mais quoy que la difference de ces deux profils dans le general soit notablement considerable, neantmoins venant au détail, celle qui se trouue aux chapiteaux est d'vne plus grande consequence, parce qu'il faut necessairement condamner celuy que Vitruue nous a prescrit en son 4. liure sur la fin du 1. chapitre, n'y ayant point d'apparence de le preferer tout seul à vn nombre presque innombrable de tres-excellens modeles qui sont restez des antiques, entre lesquels il ne s'en rencontre aucun dans les mesmes termes où il a reduit la hauteur du sien ; si ce n'est qu'ayant égard à l'authorité de ce graue autheur, qui doit estre reuerée de tous ceux de la profession, & pour éuiter aussi le nom de Critique, nous choisissions vne voye plus douce, qui est d'eluder cette question, à l'exemple de quelques-vns, qui ayant desia auparauant nous remarqué le mesme mécompte, ont estimé (ou en effect, ou par modestie) que le texte auoit esté corrompu en ce lieu là, aussi bien qu'en beaucoup d'autres, où l'alteration est manifeste ; si bien qu'en aydant vn peu au sens, on peut supposer que Vitruue en nous designant la hauteur du chapiteau Corinthien par la largeur du diametre de sa colonne, il n'a point deu y comprendre l'abaco ; qui est toute l'equiuoque de ce passage, lequel a besoin de correction, ou d'estre entendu d'vne autre sorte que n'a fait Serlio.

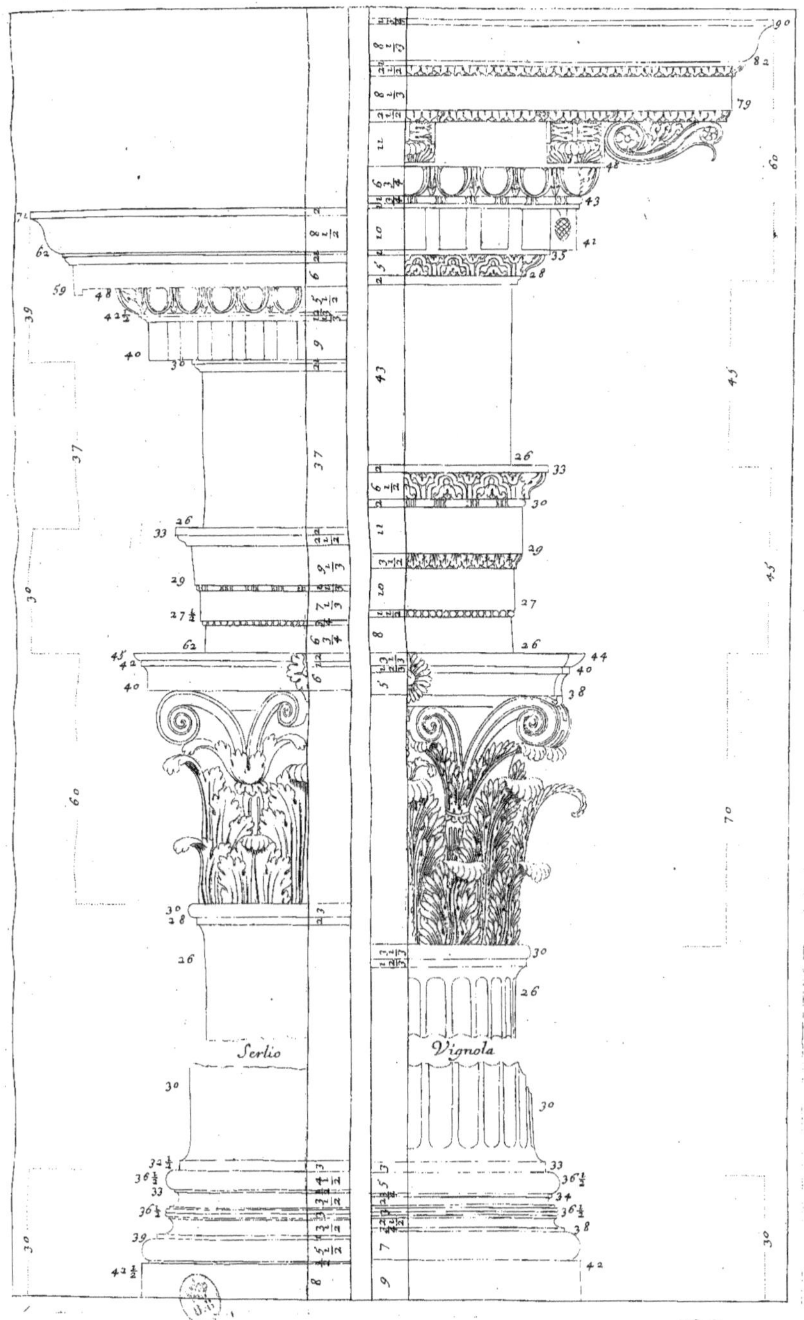
Serlio
Vignola

DANIEL BARBARO, & P. CATANEO sur l'ordre Corinthien.

CHAPITRE XXXIII.

DES quatre ordres de l'Architecture dont Vitruue a fait seulement la description, (car il n'a rien dit du Composite qui est le cinquiéme) celuicy me semble le plus foiblement traité, eu égard à la noblesse & à la magnificence de ses inuenteurs, qui n'ayant rien épargné à le rendre riche, & excellent par dessus les autres, n'auoient garde d'emprunter aucune chose de ceux auec lesquels ils alloient en concurrence. I'estime donc que Vitruue n'a pas eu raison, au commencement de son 4. liure, de dire qu'ils employerent l'entablement & la colonne Ionique, & quelquesfois mesme la Dorique, sans y adiouster autre chose que le chapiteau de leur inuention; veu que les exemples des antiques sur cét ordre, font voir le contraire. Mais le R. Daniel Barbaro son commentateur, duquel voicy le dessein, n'a aucune part en ce reproche, n'ayant eu pour but que d'exprimer l'intention du maistre qu'il expliquoit, dequoy il s'est tres-dignement acquité.

Il a donc accommodé à ce profil Corinthien l'entablement Ionique, & a fait le chapiteau de feüilles d'acante, conformément à la description & à l'histoire de son origine, que Vitruue a rapportée. Ie ne conseillerois pas neantmoins à vn ouurier de se seruir de cette composition, sans considerer auparauant la proportion relatiue que doit auoir l'entablement au total de l'ordre, que ie trouue icy notablement alteré, & beaucoup moindre qu'il ne deuroit estre, à cause de l'exhaussement considerable que la colonne a receu par la hauteur du chapiteau Corinthien, qui a deux tiers plus que l'Ionique: à quoy on peut remedier faisant la frize plus grande, & adioustant quelque nouuelle mouleure à la corniche entre le larmier & les denticules, comme pourroit estre vn quart de rond pour y entailler des oues.

Le dessein de Cataneo n'a rien qui merite d'estre remarqué, sinon la saillie extrauagante qu'il a donnée à la bande de ses denticules, laquelle est encore au dessein de D. Barbaro. Ils ont suiui en cela cette maxime qui regle la proietture de chaque membre à sa hauteur, mais elle n'est pas tousiours receuable.

Ce que i'ay dit en la feüille precedente touchant la hauteur du chapiteau selon Vitruue, seroit icy vne repetition superflue; il seruira donc & pour ceux-cy, & encore pour tous les autres suiuans qui tiennent la mesme secte.

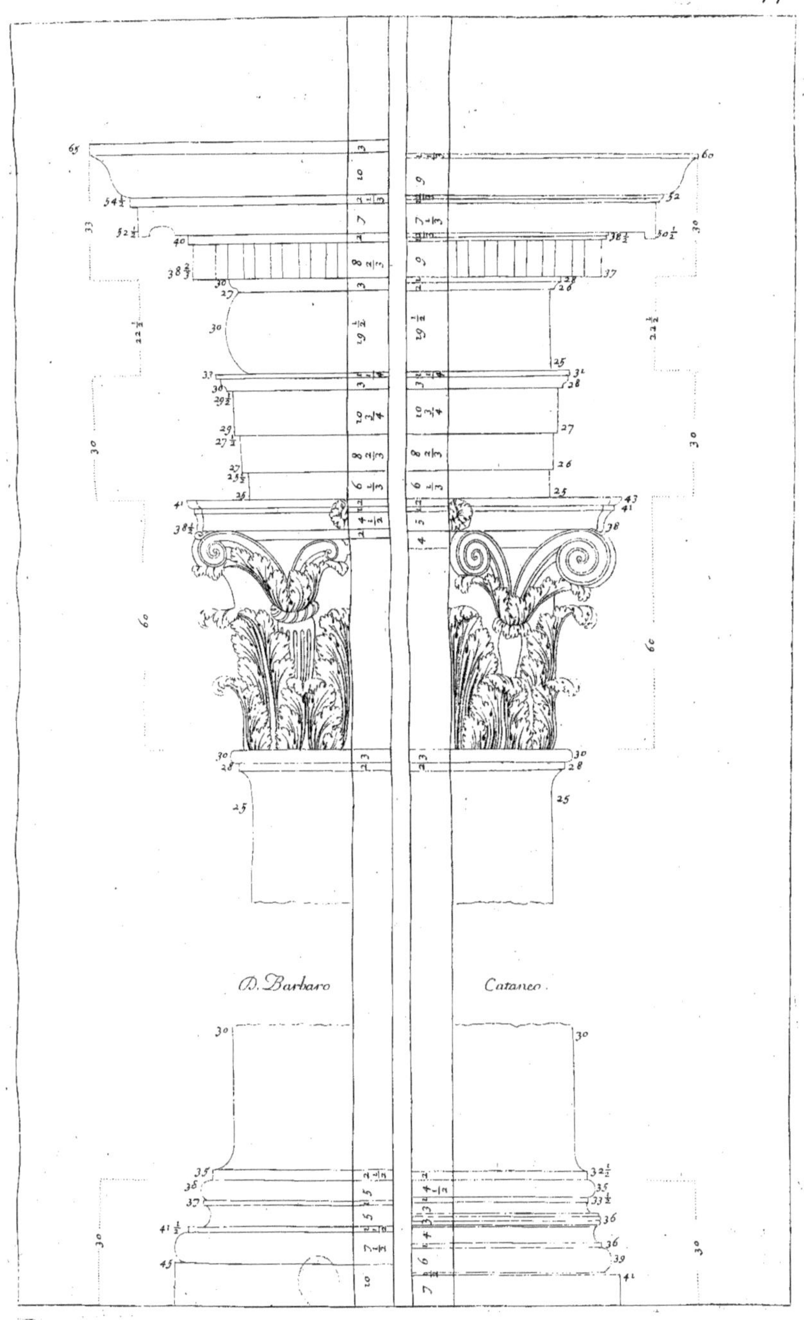
D. Barbaro
Cataneo.

L. Baptiste Alberti, & Ioseph Viola sur l'ordre Corinthien.

Chapitre XXXIV.

IE n'ay icy à examiner que le deſſein d'Alberti, celuy de ſon compagnon Viola n'eſtant qu'vne imitation ,ou pluſtoſt vne vraye copie aprés le profil de Palladio, que nous auons deſia veu, auquel ie renuoye le lecteur comme à ſon original.

Pour ce qui eſt de L. B. Alberti, ie voy deux choſes notables en ſon deſſein, & quaſi dignes de reprehenſion. La premiere eſt la proportion baſſe du chapiteau, qui n'eſt pardonnable qu'aux ſectateurs de Vitruue ; car il ne s'en troue aucun exemple parmy les antiques, veu meſme qu'il ſuit vne maniere plus grande & plus noble que la Vitruuiane. L'autre choſe que i'y remarque eſt en ſa corniche, à laquelle il n'a point donné de larmier, qui eſt neantmoins vn membre eſſentiel, & des principaux de l'entablement. Mais quoy que cette licence ſoit vn peu hardie, & peut-eſtre meſme reprehenſible, ſi eſt-ce qu'il y en a vn exemple tres-conſiderable à Rome, en la corniche de ce fameux temple de la Paix, baſti par l'Empereur Veſpaſian, qui eſt vne des plus grandes, & des plus ſuperbes reliques de l'antiquité.

Il me ſemble encore que la face des modillons eſt trop large, & de plus, que le feüillage qui va regnant en la frize, n'a pas aſſez de conformité auec la corniche, laquelle eſt trop ſimple pour vn ornement ſi riche. Mais il eſt aiſé d'y remedier, en adiouſtant quelques feüilles, ou d'autres entailles ſur les doucines de la corniche, & de l'architraue, auec des oues ſur le quart de rond : ſi ce n'eſt qu'on n'ayme mieux épargner l'ouurage, en retranchant à la frize ſon ornement. Il y aura neantmoins touſiours cela à redire en ce deſſein, que l'autheur s'eſtant voulu pluſtoſt arreſter au chapiteau de Vitruue qu'à ceux des antiques, il ne deuoit point le découper à feüilles d'oliue, puis que Vitruue y ordonne expreſſément des feüilles d'acante.

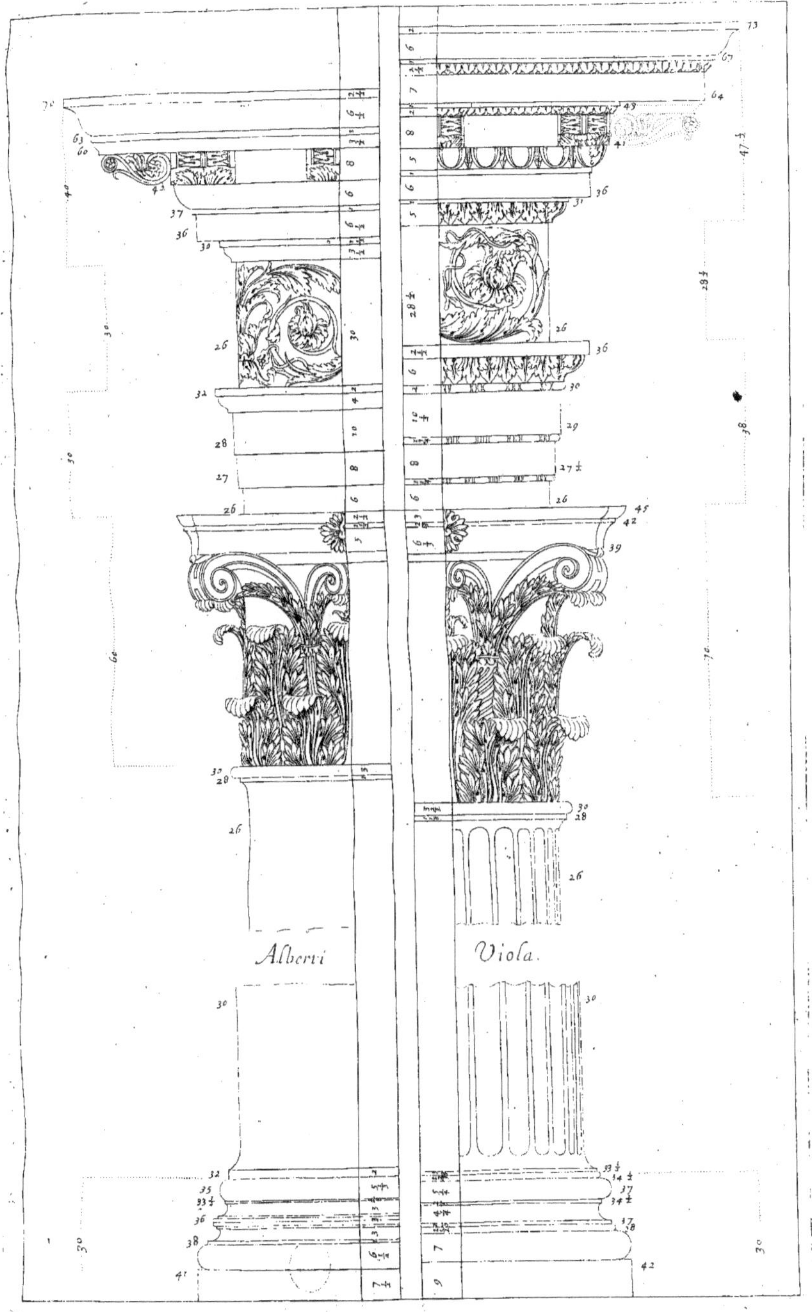
Alberti
Viola.

BVLLANT & DE LORME sur l'ordre Corinthien.

CHAPITRE XXXV.

IE ferois tort au premier de nos Architectes François Iean Bullant, si par l'examen de ce profil ie voulois le mettre au mesme rang que ceux de l'échole de Vitruue, parce qu'en suite de celui-cy il en donne d'autres d'vn plus grand stile, qu'il a tirez de l'antique : mais ne l'ayant pas trouué assez exact aux mesures qu'il leur donne, ie les ay laissez. Il paroist en ce dessein qu'il a imité Serlio, car la difference de l'vn à l'autre est tres-peu sensible. Ie remarque neantmoins en celui-cy quelque chose de plus purgé, comme la saillie des denticules, (ou de cette platte-bande sur laquelle ils deuroient estre entaillez) laquelle est fort reguliere, au lieu que Serlio l'a faite excessiue, outre la repetition importune d'vne petite doucine qui est trois fois dans le seul espace de la corniche, ce que Iean Bullant a eu la consideration de diuersifier. Il donne aussi plus de garbe à son chapiteau, dont les feüilles & les caulicoles sont mieux contournez.

I'aurois souhaitté pour la conclusion de nostre ordre Corinthien, que de Lorme nous eust donné vn dessein plus regulier & d'vn meilleur goust : mais ce bon homme, quoy que studieux & amateur de l'Architecture antique, auoit neantmoins vn genie moderne qui luy a fait voir les plus belles choses de Rome comme auec des yeux Gothiques : ce qui paroist bien en ce profil, lequel il pretend estre conforme à ceux des chapelles de la Rotonde. Au reste son stile est tellement embroüillé, qu'il est souuent assez difficile de comprendre son intention. Le lecteur aura du plaisir à voir comment il s'explique sur le suiet de cette corniche, (c'est au 4. chap. du 6. liu.) car aprés auoir quotté piece à piece toutes les mesures de chaque membre, il dit, que touchant la hauteur de l'architraue il l'auoit diuisée en quarante-trois parties & demye, pour donner les mesures à chaque chose, mais cela ne venant pas bien à propos il n'en dira autre chose : ce sont là ses propres termes. Quant à la base de ce profil, ie l'ay prise sur la fin du 2. chap. du mesme liure ; & quoy que sa modenature soit fort extraordinaire, il dit neantmoins l'auoir desseignée & mesurée aprés des vestiges fort antiques ; (ce sont encore ses propres mots.) De plus il faut prendre garde que les vrilles, ou caulicoles de dessous les roses de l'abaco, montent trop haut en ce chapiteau. Enfin le talent de cét Architecte, qui ne laisse pas d'auoir acquis beaucoup de reputation, consistoit principalement en la conduite d'vn bastiment ; & de vray il estoit plus consommé en la connoissance de la taille & coupe des pierres, que dans la composition des ordres ; aussi en a-t'il écrit plus vtilement, & bien plus au long : mais depuis luy, & tout fraischement, le sieur Desargues Lyonnois, vn des premiers & des plus subtils Geometres de ce temps, le genie duquel se plaist à rendre vtiles & familieres les plus excellentes speculations de la Geometrie, a porté cét art à vne plus haute perfection.

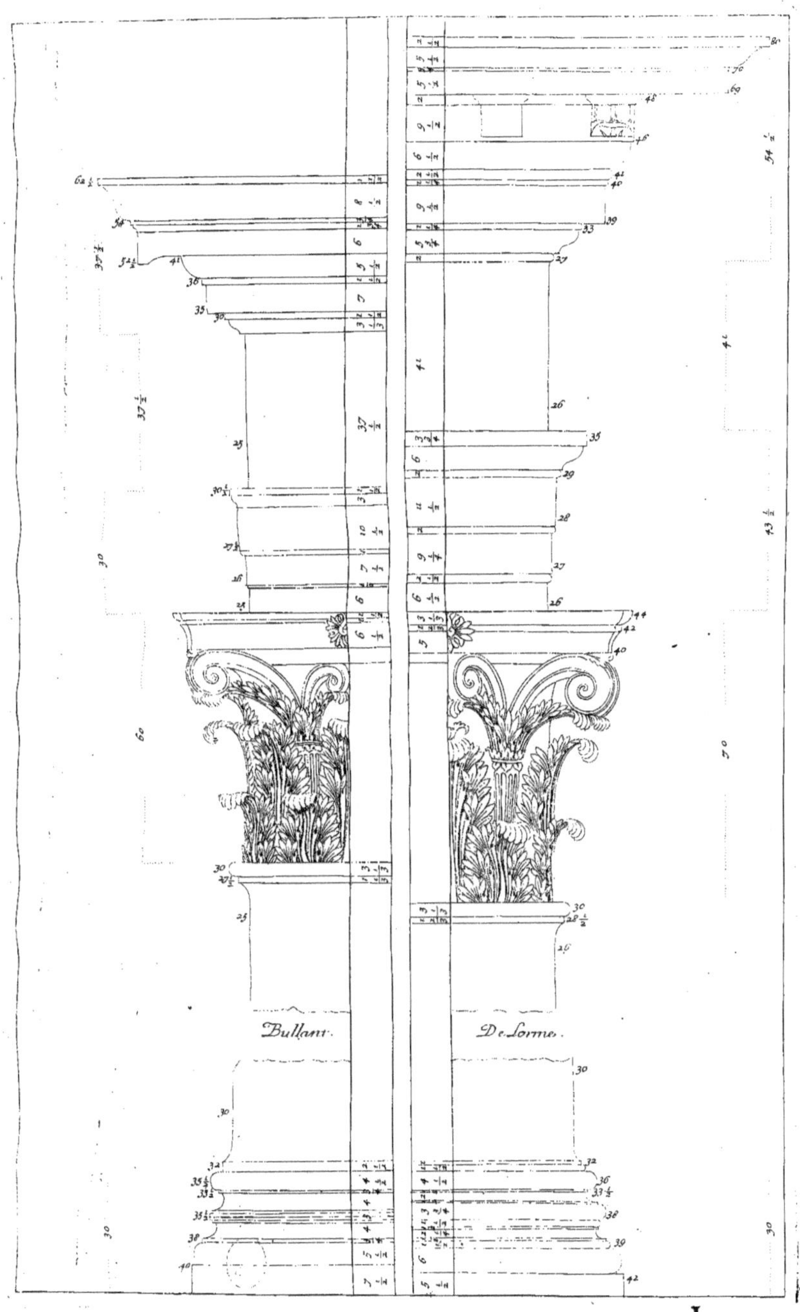
Bullant.
De Lorme.

Orthographie d'vn des autels de la Rotonde.

CHAPITRE XXXVI.

POVR ne laisser point l'esprit du lecteur embarassé parmy les modernes, & peut-estre encore déuoyé du droit chemin de l'Architecture, ie vais luy mettre deuant les yeux, vn échantillon du plus beau temple de l'antiquité, qui est vn des tabernacles de la Rotonde; afin qu'il reuienne à cette noble & parfaite idée de l'art, que ie luy ay tousiours proposée au commencement de tous les ordres, par des exemples semblables; sur lesquels comme sur des fondemens inébranlables, il doit establir & arrester ses estudes: car les écrits des modernes, à cét égard là, ne sont qu'vne terre remuée de frais, & vn mauuais fonds, sur quoy on ne peut bastir rien de solide. Mais parce que i'ay cy-deuant assez parlé des modenatures & des proportions Corinthiennes, & que ce dessein est trop petit pour seruir à cét effect, ie toucheray seulement icy deux ou trois choses, qui concernent plus la composition generale du dessein, que la regularité de l'ordre; dont la premiere est, que maintenant c'est comme vne mode, ou plustost vne manie vniuerselle, de n'estimer beau que ce qui est tout remply & surchargé d'ornemens de toutes sortes, sans choix, sans discretion, & sans conuenance ny à l'ouurage, ny au suiet: tellement que cette composition d'autel sera estimée tres-pauure, au iugement de nos petits maistres à la mode, qui pour l'enrichir, au lieu que le frontispice n'est soustenu que d'vne colonne à chaque costé, y en feroient vne pile de quatre ou six, & peut estre de dauantage, auec deux ou trois ressautemens des mouleures de la corniche, afin de rompre la suite & l'alignement des membres, dont la regularité leur est ennuyeuse. Ce seroit aussi trop peu pour eux d'vn fronton, ils y en aiustent deux assez souuent, & quelquefois trois, tous l'vn dans l'autre. Ils n'estiment pas encore, qu'vn fronton soit beau s'il n'est brizé & lambrequiné de quelque écusson, ou bien d'vn cartouche. Les colonnes mesme, qui sont le soûtien & le fondement des ordres, ne sont pas plus épargnées que le reste; on les contrefait non seulement en leurs chapiteaux, & en leurs bases, mais encore dans leur fuste; car maintenant c'est vn trait de maistre, de faire vne tige de colonne torse ou entortillée d'anneaux, ou de quelques ligatures capricieuses, qui les font paroistre remastiquées & restaurées. Enfin on peut dire que la pauure Architecture est mal traittée. Mais il ne faut pas en imputer le plus grand reproche à nos ouuriers François; car les Italiens sont maintenant encore plus licentieux, & font bien voir que Rome a presentement ses modernes aussi bien que ses antiques.

FIN DE LA PREMIERE PARTIE.

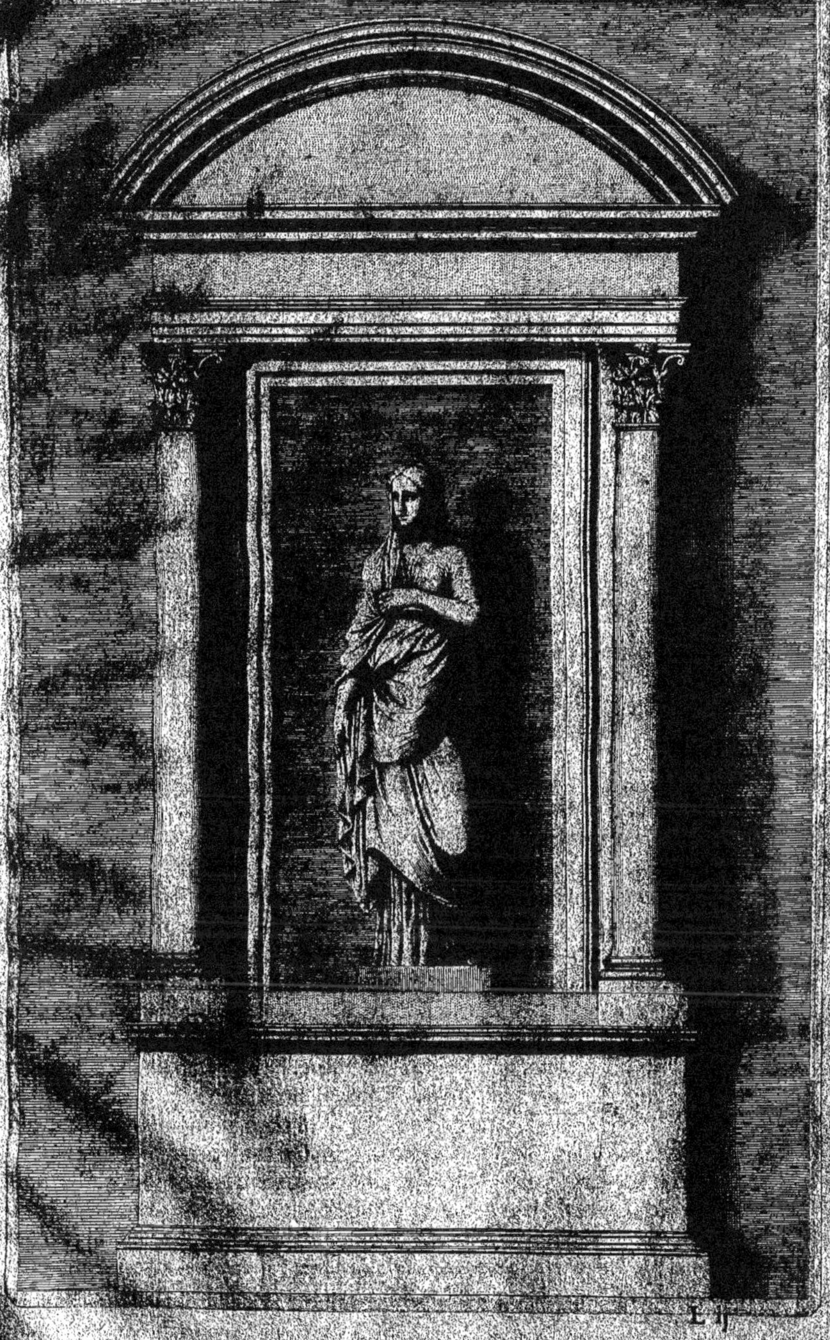

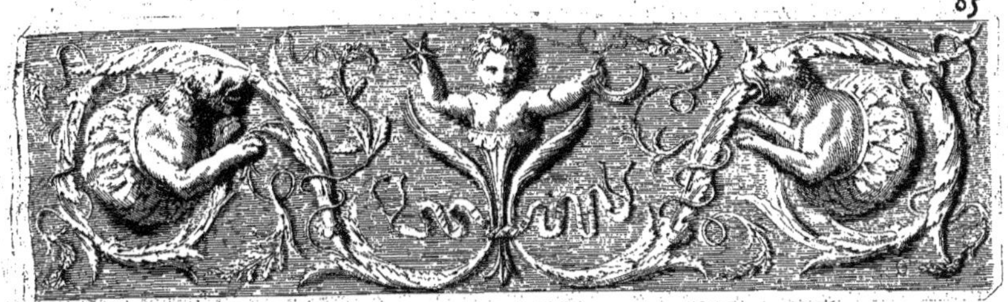

PARALLELE DE L'ARCHITECTVRE ANTIQVE AVEC LA MODERNE.

SECONDE PARTIE.

DE L'ORDRE TOSCAN.

CHAPITRE PREMIER.

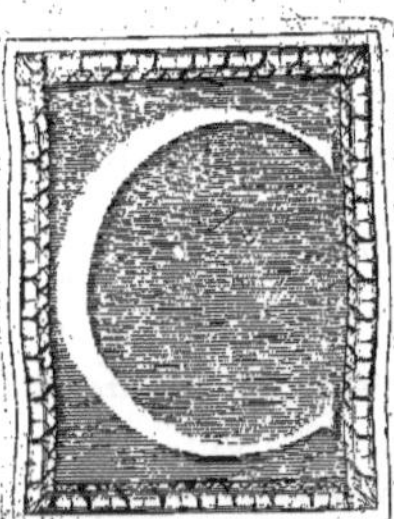

'EST vn abus si visible en l'Architecture des modernes, d'auoir confondu les ordres Grecs parmy les ordres Latins, que ie m'estonne de l'inaduertance generale de tant d'autheurs, qui écriuant de leurs symmetries, & du détail de leurs proportions, les ont disposez en sorte, que l'on void bien qu'ils ignoroient leurs proprietez, & la difference de leurs especes; sans quoy neantmoins il est assez difficile de s'en seruir iudicieusement. I'en auois desia touché quelque chose en l'auant-propos de la premiere partie de ce traitté, pour preparer le lecteur au nouuel ordre que ie tiens icy, lequel estant tout contraire à la commune opinion, & à la pratique courante, aura de la peine à s'établir, & sera sans doute bien contesté. Mais comme les fondemens de cét art sont principalement establis sur les exemples qui nous en restent de l'antiquité, i'espere qu'auec le temps mon opinion aura lieu, puis que ie ne marche que sur ses traces, & que ie montre plustost la chose que ie ne la dis.

Iusqu'à cette heure tous les Architectes ont estimé que l'ordre Toscan estoit vne espece de bastiment, qui ne differe des autres que par la simplicité de ses mouleures, & par la solidité de ses parties; mais au reste, composé des mesmes membres, & de mesme vsage. Ce que i'aurois tort de condamner, puis que Vitruue en son 4. liure a fait vn chapitre particulier de la maniere de bastir des temples à la Toscane. Neantmoins de quelque sorte qu'on puisse expliquer ce qu'il en dit, il est tousiours difficile de se former vne bonne idée de l'entablement qui doit poser sur les colonnes. C'est pourquoy i'estime que la seule piece de cét ordre, qui merite d'estre mise en œuure, & qui le peut rendre recommandable, c'est la colonne sans aucune architraueure, comme nous voyons que les antiques l'ont employée : car au lieu que dans l'vsage ordinaire, elle ne tient que le dernier rang, ces grands maistres luy ont donné vne place indépendante des autres, & l'ont si auantageusement traittée, qu'elle peut entrer en parangon de beauté & de noblesse auec tous les ordres. Ce qui n'aura point à mon auis de contestation, lors qu'on aura bien consideré le fameux exemple que i'en rapporte de la colonne Traiane, vn des plus superbes restes de la magnificence Romaine, qu'on void encore auiourd'huy en pied, & qui a plus immortalisé l'Empereur Traian, que toutes les plumes des historiens. Ce mausolée, si nous le pouuons nommer ainsi, luy fut erigé par le Senat, & par le peuple Romain, en reconnoissance des grands seruices qu'il auoit rendus à la patrie ; & afin que la memoire en fust presente à tous les siecles, & qu'elle durast autant que l'Empire, ils voulurent qu'on les grauast sur le marbre, du plus riche stile qui ait iamais esté employé : l'Architecture fut l'historiographe de ce nouueau genre d'histoire ; & parce qu'elle deuoit preconiser vn Romain, elle ne se seruit pas des ordres Grecs, quoy qu'ils fussent incomparablement plus parfaits, & plus en vsage, dans l'Italie mesme, que les deux autres originaires du pays ; de peur que la gloire de ce monument admirable, ne se trouuast en quelque façon partagée ; & pour faire voir aussi qu'il n'y a rien de si simple, que l'art ne sçache perfectionner. Elle choisit donc la colonne de l'ordre Toscan, qui iusques alors n'auoit eu place que dans les choses grossieres & rustiques ; & de cette masse informe, elle en fit naistre le plus riche & le plus noble chef-d'œuure du monde, que le temps a épargné & conserué tout entier iusqu'à cette heure, au milieu d'vne infinité de ruines dont Rome est remplie. Et c'est comme vne merueille, de voir que le Colisée, le Theatre de Marcellus, ces grands Cirques, les Thermes de Diocletian, de Caracalla, & d'Antonin, ce superbe mole de la sepulture d'Adrian, le Septizone de Seuerus, le Mausolée d'Auguste, & tant d'autres edifices, qui sembloient estre bastis pour l'eternité, soient maintenant si caducs & si delabrez, qu'à peine peut-on remarquer leur ancienne forme : quoy que neantmoins nostre colonne Traiane, dont la structure sembloit beaucoup moins durable, soit restée en pied, par vne secrete prouidence, qui destinoit ce miraculeux obelisque, au plus grand monarque que Rome ait iamais porté, le chef de l'Eglise sainct Pierre, qui tient maintenant la place de l'Empereur, auquel elle auoit esté dressée. Mais pour ne m'écarter point de mon suiet, qui est seulement d'en faire la description suiuant le dessein de l'Architecte qui en fut l'autheur, ie laisseray aux contemplatifs, la moralité qu'on peut tirer de cette vicissitude si estrange, laquelle seroit icy vn discours hors de propos, & tres-inutile à l'art dont il est question.

Reuenons donc à nostre colonne, & à son vsage singulier entre tous les autres ordres de l'Architecture, où les colonnes, au respect de celle-cy, ne paroissent que les seruantes, & les esclaues du bastiment qu'elles portent, au lieu que la nostre est vne reyne, qui tient vne maiesté si grande, qu'elle est touſiours ſeule, & éleuée ſur le throne de ſon piédeſtail, paré de tous les treſors de la renommée, d'où elle depart liberalement la gloire à ceux qu'elle daigne regarder. Le premier & le plus illuſtre de ſes fauoris a eſté Traian, ſur le monument duquel, ie vais former vne idée de l'ordre que ie voudrois appeller Toſcan, ſans auoir égard à ce que tous les modernes en ont écrit, leſquels auſſi bien n'en faiſant aucune ſorte de difference d'auec le ruſtique, ne rendent pas grand honneur à la Toſcane, de luy referer vne ſi pauure inuention. Mais de peur que les Critiques ne veüillent pas qu'on nomme Toſcan vn ordre qui a eſté inuenté dans Rome, ils le pourront appeller l'ordre Romain, & auec plus de raiſon peut-eſtre, que ceux qui nomment ainſi le Compoſite, duquel nous allons traitter aprés. Pour moy ie me regle aux profileures du chapiteau & de la baſe, que ie trouue icy les meſmes que Vitruue donne à la colonne Toſcane. La plus importante difficulté, ſelon mon auis, ſeroit que noſtre colonne n'ayant point d'entablement, elle peuſt entrer au rang des ordres, veu que c'eſt vn membre principal, & qui eſt meſme en quelque façon la teſte de l'ordre. Mais l'Architecte de noſtre modele preuit bien qu'il y falloit ſuppléer quelque autre choſe en la place, & le fit auſſi d'vne maniere excellente. Il ſe propoſa l'imitation des miraculeuſes pyramides de Memphis, que les Egyptiens (ces diuins eſprits à qui nous auons l'obligation de la connoiſſance de tant de beaux arts) auoient autresfois dreſſées à la memoire & aux cendres de leurs Roys, qu'on euſt dit, à voir cette grandeur ſi démeſurée de leurs tombeaux, auoir eſté des geants, & comme des Dieux entre les hommes. Leurs vrnes & leurs ſtatuës couronnoient le faiſte de ces montagnes artificielles, d'où, comme d'vn throne auguſte & terrible, il ſembloit au peuple qu'ils regnoient encore aprés leur mort, & auec plus de maieſté que durant leur vie. Noſtre prudent Architecte, ayant à rendre le meſme honneur à Traian, le plus digne Prince qui iuſqu'alors euſt porté le nom d'Empereur, & que Rome s'efforçoit d'immortaliſer, tourna ſa penſée vers ces prodigieux ouurages, dont il tira cette haute & ſi ſublime imitation que nous admirons, & qui a depuis ſeruy de regle, & eſté ſuiuie en diuerſes autres occaſions; deſquelles il reſte encore deux exemples trescelebres, la colonne d'Antonin auſſi à Rome, & vne à Conſtantinople erigée à l'Empereur Theodoſe, aprés ſa victoire contre les Scythes; qui font bien voir par leur reſſemblance à noſtre Traiane, que cette eſpece d'Architecture auoit paſſé pour vn ordre entre les maiſtres de l'art, puis qu'ils l'employerent touſiours depuis à vn meſme vſage, & auec les profileures Toſcanes à la baſe & au chapiteau. Cela poſé comme vn fondement, il eſt aiſé d'eſtablir le reſte, en ſorte qu'il ne ſera point ſuiet à l'opinion, & à la diuerſité des gouſts de ceux de la profeſſion, puis que nous auons l'original pour modele, & qu'il faut s'y conformer neceſſairement, pour demeurer dans les termes & la regularité de l'ordre. Que ſi l'Architecte eſt quelquesfois obligé d'y introduire, ou d'y changer quelque choſe, ſelon que le temps ou la qualité de ſon deſſein le requierent, il s'y doit porter auec beaucoup de circonſpection, & ſans alterer iamais la forme des principaux membres: en quoy on remarquera l'addreſſe de ſon eſprit, & la gentilleſſe de ſon inuention. Cette maxime eſt ſi generale pour tous les ordres, qu'autrement il ne faut point faire eſtat de donner des regles, ny de propoſer aucun exemple pour le ſuiure; tant l'inclination nous porte à la nouueauté, & qu'on eſt aueugle en ſes productions. Voila d'où nous eſt venu l'embroüillement de cét ordre qu'on appelle Compoſite, que la preſomption & l'ignorance des ouuriers a fait naiſtre comme vn monſtre extrauagant, meſlé de pluſieurs natures, ſouuent ſi diuerſes & ſi contraires, qu'il eſt impoſſible d'en diſcerner les eſpeces. I'ay reſerué ſur la fin de ce traitté à l'examiner, & à faire choix de ce qui s'y rencontrera de plus conforme à la bonne Architecture, ſelon les regles de l'art; où i'apporteray quelques exemples des plus fameux de l'antiquité, afin qu'au moins on ait de bons guides en ce labyrinte de confuſion.

Noſtre colonne Traiane, que nous mettons en la place de l'ordre Toſcan, par vne prerogatiue de ſon excellente compoſition, a cét auantage ſur les autres ordres, que ſe trouuant rarement des occaſions dignes d'elle, c'eſt à dire ſingulieres, & aſſez notables, pour meriter de la mettre en œuure, les petits maiſtres, eſtans incapables de ſi hauts emplois, ne l'ont point touchée, & ainſi elle eſt demeurée en ſa pureté. La premiere imitation qu'on en fit, & qui confirma beaucoup l'eſtabliſſement de ce nouuel ordre, fut la colonne Antoniane, qui ſubſiſte encore aſſez entiere, & qui eſt le parangon de la noſtre, quoy qu'elle luy cede vn peu dans l'execution, & le magiſtere du trauail de main; mais en recompenſe auſſi elle la ſurpaſſe notablement en grandeur de maſſe, qui eſt vne choſe conſiderable en cét ordre, dont la beauté ſpecifique eſt d'eſtre grand, & d'vne maniere coloſſale : leur compoſition au reſte, & l'ordonnance de tout le deſſein, eſt tres-ſemblable.

Ie vais dire en general l'effect & la forme des principaux membres, & à quoy il faut prendre garde en l'application des ornemens, qu'on doit placer auec vne grande diſcretion, parce qu'ils ſont de l'eſſence & du corps de l'ordre. Le premier, & comme le fondement de tout l'edifice, eſt le piédeſtail, qui n'eſt pas moins neceſſaire icy, que la corniche aux colonnes des autres ordres; & ſa proportion, quoy que ſolide & quarrée, doit eſtre enrichie de belles modenatures, & de toutes ſortes d'ornemens, au zocle & à la cimaiſe, mais plus encore en ſes quatre faces, qui ſont comme les tableaux de la renommée, où elle peint les victoires de ces Heros, auſquels elle erige de ſi glorieux trophées. C'eſt là qu'on void toutes les dépoüilles militaires des vaincus, leurs armures, les machines dont ils ſe ſeruoient en combatant, leurs enſeignes, leurs boucliers & leurs cimeterres, les harnois de leurs cheuaux, & leurs chariots, leurs habillemens de guerre, les marques de leur religion, & enfin tout ce qui peut contribuer à la pompe & à la magnificence d'vn triomphe. Sur ce glorieux butin, noſtre colonne, comme ſur vn throne, eſt éleuée & reueſtuë de tout le plus riche appareil que l'art luy peut apporter; & pourueu que l'Architecte ſoit iudicieux, il ne ſçauroit eſtre trop ſplendide. Ie repete neantmoins encore, qu'il ne doit point alterer, ny embroüiller en aucune ſorte, les ſacomes ou profileures Toſcanes, de la baſe & du chapiteau, qui ſont les clefs de tout le concert & de l'harmonie de l'ordre. La derniere choſe, mais la principale, puis qu'elle fait le couronnement de l'œuure, c'eſt la ſtatuë de celuy à qui on erige tout ce ſuperbe edifice, laquelle a vne vrne ſous ſes pieds, comme voulant dire qu'il renaiſt de ſes propres cendres ainſi qu'vn phenix, & que

que la vertu des grands perſonnages eſt au deſſus de la mort, qui n'a du pouuoir que ſur les hommes vulgaires. Maintenant pour ce qui concerne la proportion reguliere de cette figure, & de ſon vrne, auec la hauteur de la colonne, ie n'en puis rien eſtablir icy de precis, cette partie eſtant reſtaurée en l'original, & d'vne maniere trop moderne, & trop eſloignée de la premiere intention de l'Architecte, pour en faire conſideration ſur noſtre ſuiet. On peut dire neantmoins auec aſſez d'apparence, que puis que c'eſt en quelque façon l'entablement de cét ordre, il faut luy donner vne quatriéme partie de la colonne, comme à la trabeation de l'ordre Dorique, auquel celui-cy a vn grand rapport. Il me ſemble auſſi que la figure doit eſtre reglée par la raiſon de l'Optique, en ſorte qu'elle paroiſſe d'vne grandeur excedant vn peu le naturel, & d'vne elegante proportion, afin que l'on la remarque principalement ſur tout le reſte ; auec cette diſcretion pourtant, que comme il faut qu'elle ſoit en pied, elle paroiſſe bien ferme en ſa poſition, & que la maſſe de l'vrne qui luy ſert de zocle, ou de piédeſtail, ait vne ſodeſſe conuenable à cét effect : car c'eſt vne choſe de tres-grande obligation en l'Architecture, de faire tout non ſeulement ſode & durable, mais encore qui paroiſſe tel, pour éuiter l'ineptie Gothique, qui affecte comme vne beauté, de faire que les ouurages ſemblent ſuſpendus en l'air, & quaſi preſts à tomber ; qui eſt vne extrauagance trop viſible, & trop ridicule, pour perdre du temps & des paroles à la conteſter.

Iuſqu'icy ie penſe n'auoir rien laiſſé à dire de ce qui concerne la compoſition generale de noſtre colonne ; mais pour le menu détail des proportions & des profileures de chaque membre, le deſſein les monſtre ſi clairement, que ce ſeroit vn trauail oyſeux & puerile de s'amuſer à les nommer piece à piece, à la maniere de ces premiers inuenteurs de la peinture, leſquels voulant ſuppleer à la foibleſſe de l'art, qui n'arriuoit pas encore à vne aſſez naturelle repreſentation des choſes qu'ils imitoient, eſtoient obligez d'écrire au bas, que c'eſtoit vn beuf, vn arbre, vn cheual, vne montagne. Mais à cette heure c'eſt bien au contraire, l'effect du deſſein ayant paſſé ſi auant au delà de l'expreſſion des paroles, qu'en vn inſtant il nous monſtre plus de choſes, & auec bien dauantage de preciſion, qu'on n'en ſçauroit auoir dit en beaucoup de temps.

Ie vais donc finir par cette rare façon de parler, qui n'a beſoin ny d'oreilles, ny de langue, & qui eſt la plus diuine inuention que les hommes ayent iamais rencontrée. Au reſte on verra dans mon profil de la colonne Traiane, auec quelle diligence & exactitude tout y eſt conforme à l'original, iuſqu'aux moindres ornemens, afin qu'on iuge par là du ſoin que i'ay apporté aux autres choſes de plus grande conſideration. Si le lecteur eſt intelligent, & qu'il ait veu auec attention, & auec des yeux de maiſtre, ce riche & incomparable chef-d'œuure que ie décris, la ſatisfaction qu'il receura de l'eſtude exact que i'en ay fait, & que ie luy donne, ſe rendra proportionnée à ſa ſuffiſance : car les yeux ne voyent en ces matieres, qu'autant que l'entendement leur éclaire, & les beautez excellentes ne s'y monſtrent pas d'abord, ny à tout le monde ; elles veulent eſtre curieuſement obſeruées, & découuertes auec induſtrie : Il y en a meſme de pluſieurs eſpeces, que chacun va remarquant ſelon la portée de ſon eſprit, & conformément à ſon genie ; les vns

M

y cherchant la grace, & la gentilleſſe des ornemens, les autres conſiderant la nobleſſe de l'ouurage, & la nouueauté de l'inuention ; les plus connoiſſans ayans égard principalement à la proportion, & à la regularité du tout auec ſes parties, à la iudicieuſe compoſition, à la grandeur & à la ſolidité du deſſein, & à de telles beautez eſſentielles, qui ne ſont viſibles qu'aux yeux des plus ſçauans Architectes : d'où vient que ſouuent vn meſme ouurage, en qui toutes ces parties ne ſe trouuent pas au meſme degré de perfection, eſt eſtimé fort diuerſement par ceux du meſtier, (car il en eſt peu de la qualité de celui-cy, qui ayent vne approbation vniuerſelle) & le pis eſt qu'ordinairement les meilleures choſes ont bien moins d'admirateurs que les mediocres, parce qu'il eſt plus de ſots que d'habiles gens.

Le module du deſſein ſuiuant, & la methode de le déchiffrer, eſt touſiours la meſme que cy-deuant ; c'eſt à dire, qu'ayant mené par le centre de la colonne vne ligne à plomb, qui a toute la hauteur de l'ordre, ie diuiſe le demy diametre de la colonne par le pied en 30. minutes, qui font le module ſur lequel ie regle aprés tous les membres, tant pour leur hauteur, que pour les ſaillies ou proiettures de leurs profils, commençant touſiours par cette ligne du centre de la colonne, afin que la poſition de chaque membre ſoit bien alignée & preciſément en ſa place. Cela eſt ſi clair, & ſi redit, qu'il n'y ſçauroit plus reſter de difficulté.

Pour ce qui regarde maintenant la maſſe entiere, la colonne a ſeize modules, y compris la baſe & le chapiteau : le piédeſtail auec ſon embaſſement, ſa cimaiſe, & deſſus, vn certain zocle orné d'vn feſton, (qui en fait partie à mon auis, parce qu'il vient à le rendre cube, qui eſt de toutes les proportions Geometriques la plus reguliere, & la plus ſolide, & par conſequent tres-conuenable à cét edifice) a de hauteur trois modules, quelque peu moins. La baſe de la colonne a iuſtement vn module, & le chapiteau deux tiers de module.

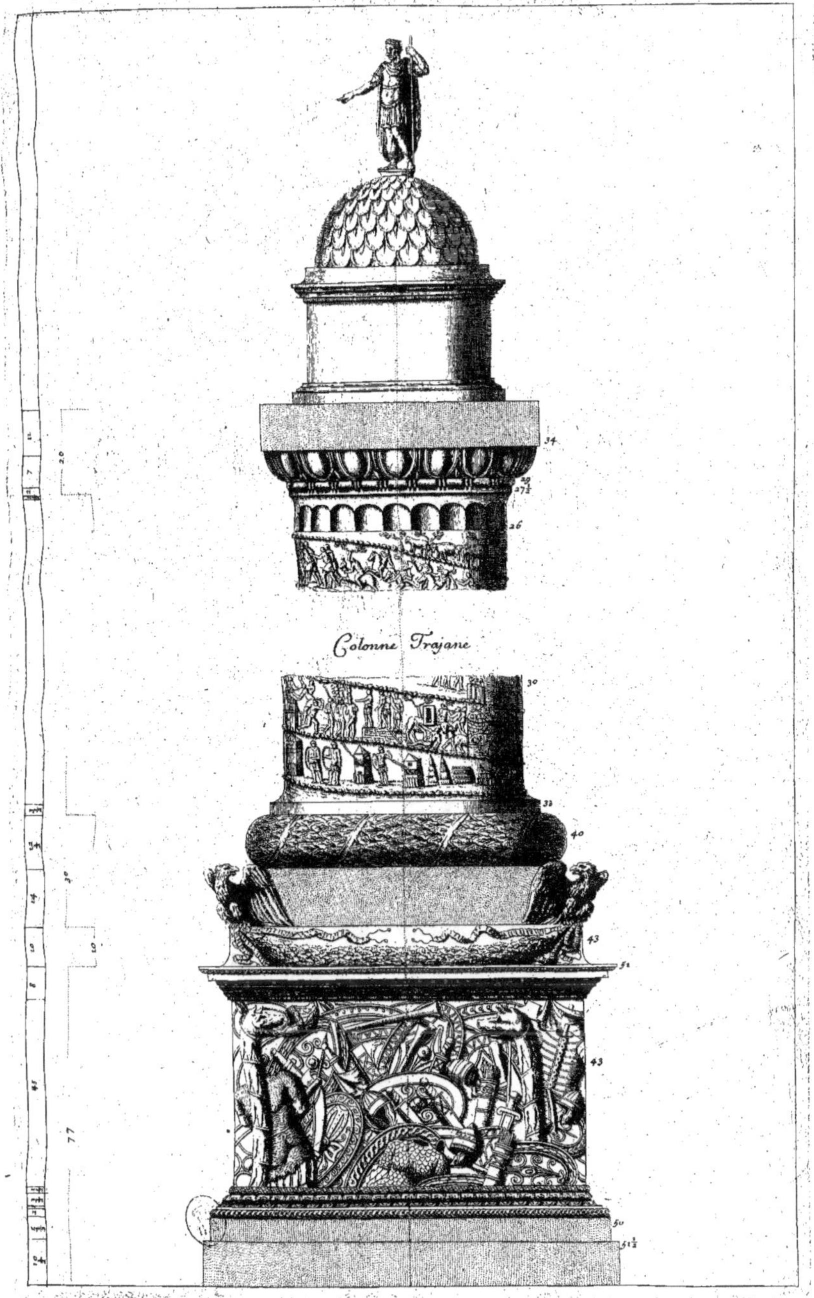
Colonne Trajane

PALLADIO & SCAMOZZI sur l'ordre Toſcan.

CHAPITRE II.

APRE'S auoir dit mon opinion touchant l'vſage & la forme de l'ordre Toſcan, ſelon la maniere des antiques, ie vais maintenant monſtrer de quelle façon les maiſtres modernes l'ont traitté, & en quelle eſtime il eſt maintenant parmy tous les ouuriers, qui eu égard à la baſſeſſe d'vne ſi pauure compoſition, le ſurnomment l'ordre Ruſtique, & auec raiſon, n'eſtant pas croyable que les Toſcans le vouluſſent reconnoiſtre, & auoüer en cét eſtat-là.

André Palladio, le plus iudicieux de tous les modernes, & qui tient auſſi la premiere place en ce recueil, en a donné deux profils; l'vn ſi ſimple, qu'il n'a pour entablement ſur la colonne, qu'vn ſommier de bois recouuert d'vne autre piece qui ſert de larmier; & il ſemble qu'il ſe l'eſt ainſi imaginé ſur ce que Vitruue en a écrit. Mais parce que cette compoſition eſt trop mal-baſtie pour paſſer au rang des ordres, ce diligent Architecte eſt allé foüiller dans les vieux reſtes d'amphitheatres, qui ſont des maſſes d'Architecture, où la ſodeſſe du baſtiment eſtoit plus requiſe que la gentilleſſe des ordres; tellement qu'enfin il a découuert aux Arenes de Verone, en celles de Pole, & en d'autres lieux ſemblables, vn certain ordre qu'il eſtime pouuoir eſtre appellé Toſcan, dont il a fait cette imitation; car il ne s'eſt pas aſſuietti à en ſuiure preciſément vn pluſtoſt que l'autre, mais de pluſieurs il a compoſé & ordonné celui-cy, duquel ie me ſeruirois plus volontiers que d'aucun des autres maiſtres. Celuy de ſon compagnon Scamozzi ſeroit encore aſſez raiſonnable, ſinon qu'il luy donne trop de conformité auec le Dorique, & qu'il ne dit point en auoir veu de ſemblable; tellement qu'eſtant tout moderne, & preſque auſſi riche de mouleures que le Dorique, il ſera touſiours plus raiſonnable de ſe ſeruir de l'antique, puis que celui-cy n'eſt aucunement conſiderable en vn baſtiment que pour l'eſpargne du temps & de la dépenſe.

La hauteur de la colonne auec ſa baſe & ſon chapiteau eſt de ſept diametres ſeulement ſelon Palladio; Scamozzi luy en donne ſept & demy.

L'entablement a touſiours vne quatriéme partie de la colonne.

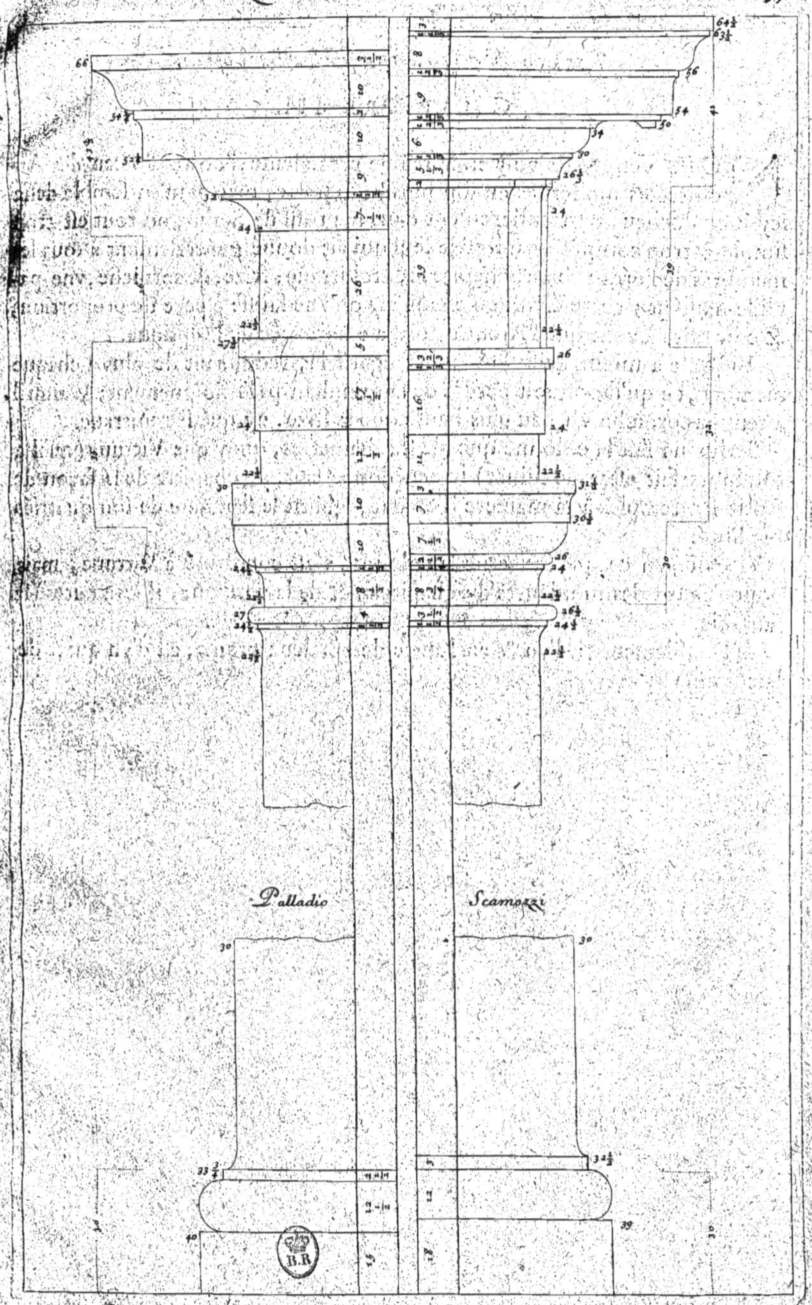
Palladio
Scamozzi

Serlio & Vignole sur l'ordre Toscan.

Chapitre III.

NOVS venons de voir en la feüille precedente, l'ordre Toscan des Architectes modernes en son plus beau lustre, mais il m'en semble desia icy bien décheu, particulierement dans le profil de Serlio, où tout est trop simple & trop compté : car il est le seul qui ait donné generalement à tous les membres de l'ordre, base, chapiteau, architraue, frize, & corniche, vne pareille hauteur ; cette égalité n'estant icy qu'vne fausse espece de proportion, & contraire à celle que l'Architecture a empruntée de l'Optique.

Vignole a mieux raisonné en cét égard là, redonnant de plus à chaque membre, ce qu'il pouuoit perdre de sa grandeur par l'éloignement ; & ainsi il a tenu sa corniche vn peu plus haute que la frize, ny que l'architraue.

Serlio ne fait sa colonne que de six diametres, quoy que Vitruue (qu'il a tousiours fait estat de suiure) luy en donne sept, au chapitre de la façon de bastir les temples à la maniere Toscane, qui est le septiéme de son quatriéme liure.

Vignole, en ce qui concerne la colonne, s'est conformé à Vitruue, mais pour l'égard des mouleures du chapiteau & de la corniche, il les a faites à sa fantaisie.

L'entablement en l'vn & en l'autre de ces deux profils, est d'vn quart de la colonne.

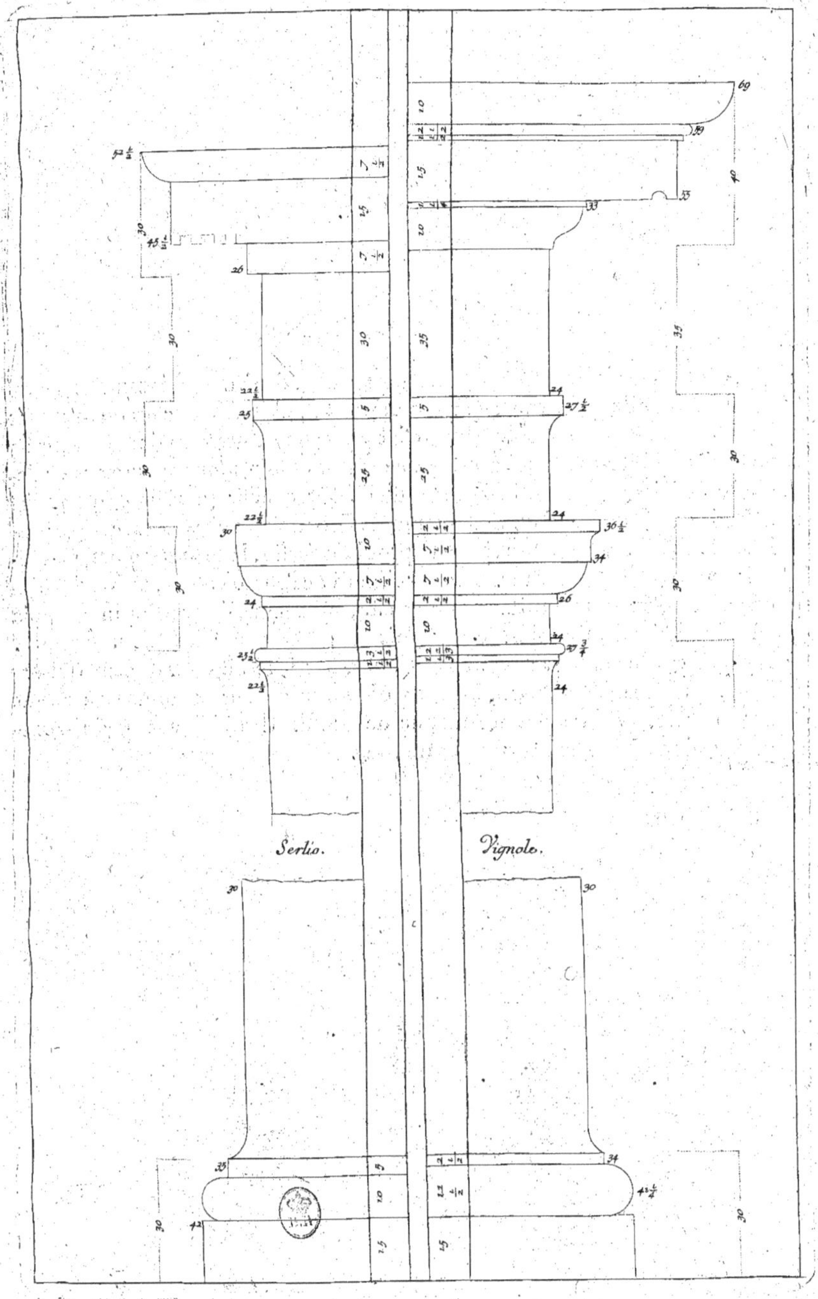
Serlio.
Vignole.

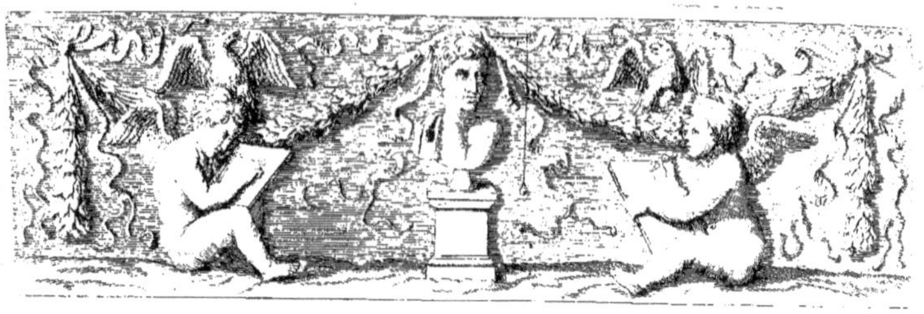

AV LECTEVR.

C'EST vn estude sterile, & vn temps perdu, de s'amuser dauantage à la recherche de cét ordre icy, selon d'autres Architectes que les quatre dont ie viens de rapporter les desseins; c'est pourquoy i'ay resolu de m'en tenir là; veu qu'aussi bien ceux qui nous restoient à adiouster, sont presque tous de l'échole de Vitruue, d'où il est tres-difficile de recueillir autre chose d'essentiel à l'ordre Toscan, que la simple forme de la base & du chapiteau, qui sont déia en la feüille precedente, dans le profil de Serlio, la repetition *desquels* seroit ennuyeuse & superflue. Et pour l'égard de l'entablement, puis qu'ils n'en ont point d'exemple antique bien arresté, ny aucune description intelligible dans les écrits de Vitruue, ie ne ferois pas grand conte de leurs inuentions. I'ay pris garde aussi que Leon Baptiste Alberti, le meilleur de ceux qui restent, aprés Daniel Barbaro, n'en a parlé qu'en passant, comme n'en faisant aucun estat, sans en donner mesme de profil. Il en fait autant du Composite, dont Vitruue n'a rien dit du tout.

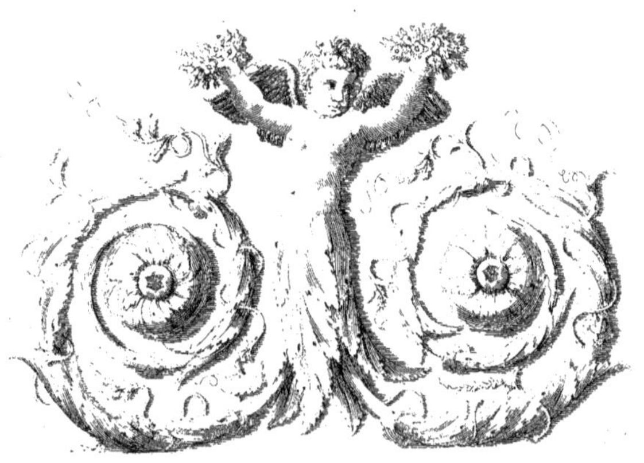

DE

DE L'ORDRE COMPOSITE.

CHAPITRE VI.

L'ORDRE Compoſite, qui iuſqu'icy a tenu le premier rang parmy les modernes, ſe trouuera bien décheu en cette reueuë ſeuere & exacte que ie viens de faire ſur les cinq ordres, où n'ayant aucun égard à l'opinion du vulgaire, ny au iugement des autres qui en ont écrit auant moy, ie ne paſſe rien s'il n'eſt conforme à quelque fameux exemple antique, ou aux preceptes du pere des Architectes Vitruue, afin de remettre l'art, s'il eſt poſſible, en ſes vrais principes, & le reſtablir par ce moyen en ſa pureté originale, d'où les compoſitions libertines de nos ouuriers l'ont tellement détourné, ſous le pretexte de ce faux nom d'ordre Compoſite, qu'il ne reſte quaſi plus d'idée de l'Architecture reguliere, tant les ordres qui la maintenoient ont degeneré en confuſion, & ſont allez ſe barbariſant par l'extrauagant meſlange qu'on en a fait. Mais comme il eſt extrémement difficile de r'amener les eſprits à la ſuiettion, & à leur deuoir, quand vne fois ils ont pris l'eſſor, & ſe ſont abandonnez à la liberté : auſſi ie ne pretends point d'eſtre ſuiuy, ny meſme écouté de ceux qui ſe ſont deſia donné la preſomption d'eſtre maiſtres, parce qu'ils ſont ou trop enuieillis en leur mauuais gouſt, ou qu'ils auroient honte de décheoir de leur opinion en le confeſſant ; & ainſi i'eſtime qu'ils ſe porteront pluſtoſt à le defendre auec opiniaſtreté, qu'à le corriger. Ie parle donc ſeulement à ceux leſquels n'ayans point encore l'imagination preoccupée, ont le iugement beaucoup plus libre & mieux diſpoſé au diſcernement de ces beautez excellentes & originales de l'Architecture antique, qui ont eſté reconnuës durant tant de ſiecles, confirmées par tant d'exemples, & ſi vniuerſellement admirées. Et parce qu'il eſt tres-important de donner cette premiere teinture aux ieunes eſprits, & les former de bonne heure à ces idées, ie leur propoſe touſiours d'abord les meſmes modeles que ces grands genies nous ont laiſſez, comme les guides & la bouſſole du chemin de l'art, pour les ſauuer du penchant qu'ils ont naturellement à la nouueauté, qui eſt l'écueil & le precipice de la premiere inclination des eſprits François, lequel eſtant vne fois paſſé, la raiſon commence à en prendre la conduite, & leur fait voir les choſes de la bonne ſorte, c'eſt à dire par leurs principes, ſans quoy il n'eſt pas poſſible d'en acquerir qu'vne tres-mediocre & tres-imparfaite connoiſſance. Et ceux qui marchent par vne autre voye, iront touſiours à taſtons comme des aueugles, ſans trouuer iamais de veritable ſatisfaction en leur trauail : car la vaine complaiſance des ignorans, ſoit qu'ils la prennent d'eux-meſmes, (ce qui eſt aſſez ordinaire) ou qu'elle leur ſoit renduë par leurs ſemblables, c'eſt vne ſi fauſſe ioye, qu'elle ſe tourne ſouuent en honte & en confuſion ; au lieu que la vraye loüange qu'on donne au merite des ſçauans maiſtres, & à la bonté de leurs ouurages, n'eſt point ſuiette à ſe dementir. Or pour peu qu'on ait d'idée de cette haute maniere des antiques, & de la grandeur de leurs penſées, on remarquera incontinent la baſſeſſe & l'ineptie des compoſiteurs modernes, leſquels parmy tant d'exemples de l'incomparable & vnique Architecture des Grecs, qui fut l'ornement & la splendeur de l'ancienne Rome, dont les ruines & les seuls vestiges la rendent encore auguste par dessus toutes les villes du monde, ces esprits mesquins demeurans pauures au milieu d'vne si riche abondance, & quittans le droit chemin que ces grands maistres leur ont ouuert, prennent vne route detournée, pour aller aprés vn auorton de l'Architecture, ou plustost le mauuais genie de l'art, qui s'est venu introduire entre les ordres, sous le nom de Composite, & à la faueur de l'ignorance, & de la folle presomption de ie ne sçay quels petits nouueaux Architectes, qui en ont fait leur marotte, & l'ont habillé en tant de modes bizarres & capricieuses, qu'il est deuenu vne chimere, & comme vn Prothée, qu'on ne sçauroit auoir arresté sous aucune forme ; tellement que ce seroit vn trauail sans fin, & vne vaine & ridicule entreprise, de le vouloir rechercher icy en toute son estenduë, puis qu'il n'a ny regles, ny mesures, ny principes, ny espece, ny proprieté particuliere, & par consequent ne sçauroit estre compris sous le nom d'ordre. Il seroit donc à mon auis necessaire pour le bien de l'art, & pour l'honneur de l'Architecture, d'estouffer ce monstre, & de redonner vn autre nom plus sortable & plus specifique à ces excellens profils qu'on trouue en quelques antiques de grande maniere, lesquels par ie ne sçay quelle traditiue sont appellez l'ordre Composite, qui est vn nom tout moderne, duquel Vitruue n'a iamais parlé, & qui est aussi trop vague & trop incertain pour conuenir à vn ordre regulier: outre que puis qu'on refere la gloire de son inuention aux Romains, il seroit plus à propos de le nommer ou l'ordre Romain, ou l'ordre Latin, comme Scamozzi a fait assez iudicieusement ; & de plus a remarqué que son chapiteau, par lequel seul il est different du Corinthien, est d'vne composition plus massiue & moins elegante : tellement qu'il ne iuge pas que cét ordre doiue estre mis sur le Corinthien, pour ne faire point porter le fort par le foible : à quoy il pouuoit encore adiouster, qu'ils ne sçauroient estre bien ensemble en vn mesme ouurage, ainsi que i'ay desia dit ailleurs. Cela est si clair qu'il ne faut point y chercher d'excuse. Neantmoins ceux qui voudroient se preualoir de la mauuaise pratique, & de l'abus des modernes, pour faire au contraire, ils auront moyen de s'échaper par ce pont aux asnes ; car l'importance en est fort petite, en comparaison de la licence effrenée, qui regne auiourd'huy parmy nos compositeurs de Composites, laquelle ne change pas seulement le rang des ordres, mais va renuersant tous les principes, & sappant les fondemens de la vraye Architecture, pour en introduire vne nouuelle Tramontaine, plus barbare & moins plaisante que la Gothique. A quoy il suffit de repliquer pour la confusion de ses inuenteurs, qu'il n'est pas question à vn Architecte d'employer son industrie & son estude à trouuer de nouueaux ordres, pour donner du prix à ses ouurages, ny pour se rendre habile homme ; non plus qu'à vn orateur, pour acquerir la reputation d'estre eloquent, d'inuenter des mots qui n'ayent encore iamais esté dits ; ny à vn poëte, de faire des vers d'vne autre cadence ou d'autre mesure que l'ordinaire ; cette affectation estant puerile & impertinente : & s'il arriuoit par occasion qu'on voulust prendre quelque liberté semblable, il faut que ce soit si à propos, qu'vn chacun en voye incontinent la raison. C'est ainsi que les antiques en ont vſé, mais auec vne ſi grande retenuë, qu'ils ont borné toute leur licence à la ſeule forme du chapiteau, dont ils ont fait cent compoſitions gentilles, & ſingulieres à certains ſuiets, où ils reüſſiſſent à merueille, hors deſquels auſſi on ne ſçauroit, que fort impertinemment, les mettre en œuure. I'en veux choiſir deux ou trois exemples parmy vn bon nombre de deſſeins que i'ay du tres-celebre Pyrro Ligorio, qu'il a recherchez & obſeruez en diuers endroits de l'Italie auec vne diligence ineſtimable. Mais il faut venir auparauant à la concluſion de noſtre premier ſuiet, qui eſt de former le Compoſite Romain, & en faire icy vn ordre auſſi regulier, & auſſi precis, que les quatre precedens. Ie propoſe donc pour cét effect deux profils antiques, chacun excellent en ſon eſpece; l'vn tres-riche, & tres-chargé d'ornemens, tiré de l'arc de Titus à Rome; & l'autre beaucoup plus ſimple, mais grand & [illegible]r, qui eſt à Verone à l'arc des Lions.

Si ces deux exemples ne ſuffiſent au lecteur, il en pourra choiſir d'autres plus à ſon gouſt, ou s'arreſter à celuy qui luy plaira des autheurs ſuiuans, que i'ay recueillis enſemble pour cét effect, entre leſquels ie fais vne eſtime particuliere de Palladio.

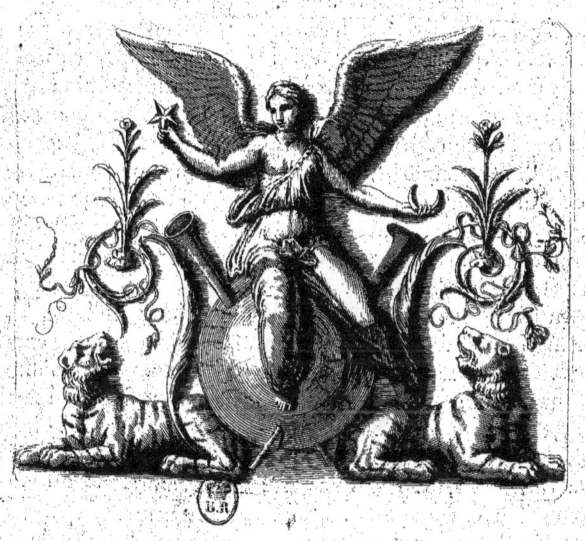

Profil Composite tiré de l'arc des Lyons à Verone.

CHAPITRE V.

AVANT que de proposer ce Composite pour modele, ie vais preuenir & eluder quelques obiections que les Critiques y pourroient faire, me les imputant comme si ie les auois laissé passer par inaduertance. La premiere est, que la corniche est defectueuse en ce qu'elle n'a point de larmier : l'autre que les denticules sont posées vn peu nuement, & sans aucune separation sur la frize : la troisiéme, que la hauteur de la frize est excessiue : Et enfin, que les trois bandes de l'architraue sont tout au rebours de la position ordinaire : outre que le plinte de la base est beaucoup trop haut, eu égard au reste. A toutes ces obiections ie pourrois répondre en vn seul mot, qu'en matiere d'Architecture c'est vne raison valable qu'vn exemple antique bien approuué, tel que celui-cy : De plus, i'y adiouste encore, que le nom de Composite semble inferer quelque sorte de liberté; & qu'ainsi vn Architecte peut se licentier quelquesfois selon l'occasion, ou d'introduire en cét ordre icy, ou d'y retrancher ce qu'il estime à propos pour son dessein, pourueu que ce soit auec discretion. Ce qui a esté iudicieusement obserué en ce profil, où l'autheur ayant besoin d'vne grande frize, afin d'y placer beaucoup de figures qui faisoient à son suiet, voulut épargner sur la corniche, ce qu'il auoit empieté de plus que la proportion reguliere de la frize ne luy permettoit. A cét effect il retrancha le larmier, qui est à la verité vn membre considerable, mais que ie voy, par d'autres exemples, n'estre pas absolument necessaire : car au temple de la Paix à Rome (l'vn des admirables ouurages de l'antiquité) la corniche, quoy que Corinthienne, n'a point de larmier, nonobstant que l'Architecte eust le champ tout libre : & L. Baptiste Alberti, dont l'authorité est grande parmy nos maistres modernes, sans autre raison que celle de son propre goust, n'en a point aussi donné à son ordre Corinthien. Maintenant pour ce qui concerne le compartiment des bandes de l'architraue, dont la position paroist icy renuersée, de vray cela n'est pas bien commun; neantmoins i'en ay veu encore d'autres semblables, & Palladio en a rapporté vn pareil exemple sur la fin de son 4. liure, tiré d'vn Temple de Pole en Dalmatie, d'ordre Corinthien, dont l'Architecture est excellente & fort antique : & ie trouue mesme que la base de la colonne a aussi vn plinte d'vne épaisseur excessiue, tel que celui-cy. Cela tenoit lieu d'vn zocle. Voila des raisons & des exemples, auec lesquels on peut satisfaire à chaque obiection ; mais par là aussi on peut iuger, que ce profil ne doit estre mis en œuure qu'auec discretion, & quelque sorte de necessité. Celuy que ie vais donner en suite, est plus regulier en son détail, & par consequent plus conuenable à toutes sortes d'ouurages ; mais la proportion generale de l'vn & de l'autre est égale. La colonne a dix diametres ; & la hauteur de l'entablement vne quatriéme partie de la colonne.

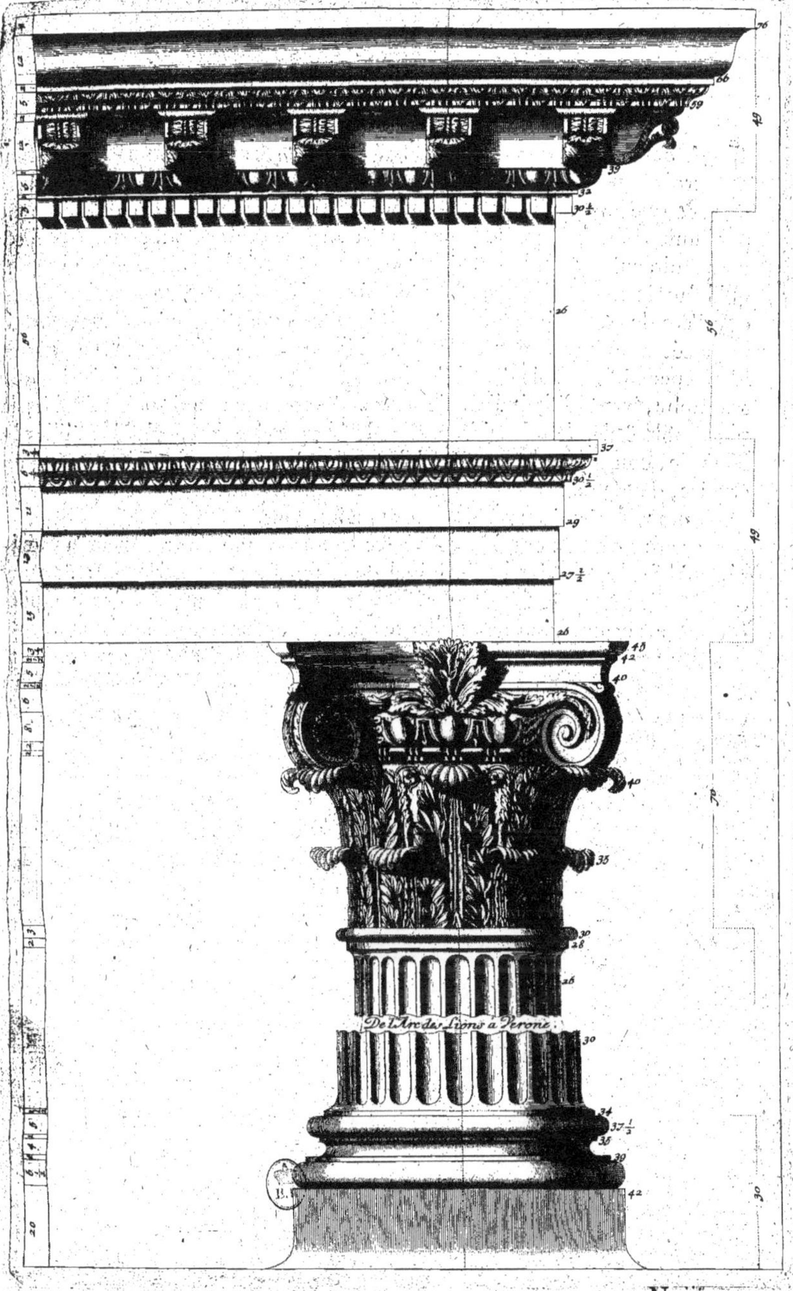
De l'Arc des Lions a Verone

Profil Composite tiré de l'arc de Titus à Rome.

CHAPITRE VI.

LA belle idée de ce Composite, & la richesse de ses ornemens me font croire que son inuenteur s'estoit trouué auec Titus à la prise de Ierusalem, & que là il auoit veu la diuine Architecture du Temple de Salomon, par l'imitation de laquelle (quoy qu'en vn échantillon bien petit, au respect de ce miraculeux edifice, & mesme en vn ordre different) il voulut monstrer qu'il l'auoit considerée auec estude. Ma coniecture en cecy a pour fondement que l'arc de triomphe d'où ie l'ay tiré, est celuy mesme qu'on éleua à la gloire de cét Empereur, au retour d'vne si fameuse expedition : & l'Architecte, lequel peut-estre auoit dressé l'ordonnance & tout l'appareil de la iournée du triomphe, introduisit iudicieusement en son ouurage, qui en deuoit faire la plus noble & la plus durable partie, les figures des principales dépoüilles du Temple, comme celle du chandelier à sept branches qui estoit dans le Sanctuaire, de la table d'or qui seruoit à mettre les pains de proposition, & de quelques autres qu'on y voit encore maintenant.

Cét arc a cela de considerable entre les autres qui sont restez de l'antiquité, qu'il fut le premier & l'original de cette espece de bastiment : & quoy que depuis on en ait fait de plus somptueux en grandeur, & plus magnifiques, il est neantmoins de meilleure main, & mieux trauaillé qu'aucun.

I'en ay fait l'éleuation perspectiue, tant pour la curiosité de ceux qui ayment cét art, que pour contribuer aussi quelque chose à la beauté du dessein : outre que ceux qui ne l'ont point veu en œuure, pourront iuger en quelque façon de l'effect qu'il a.

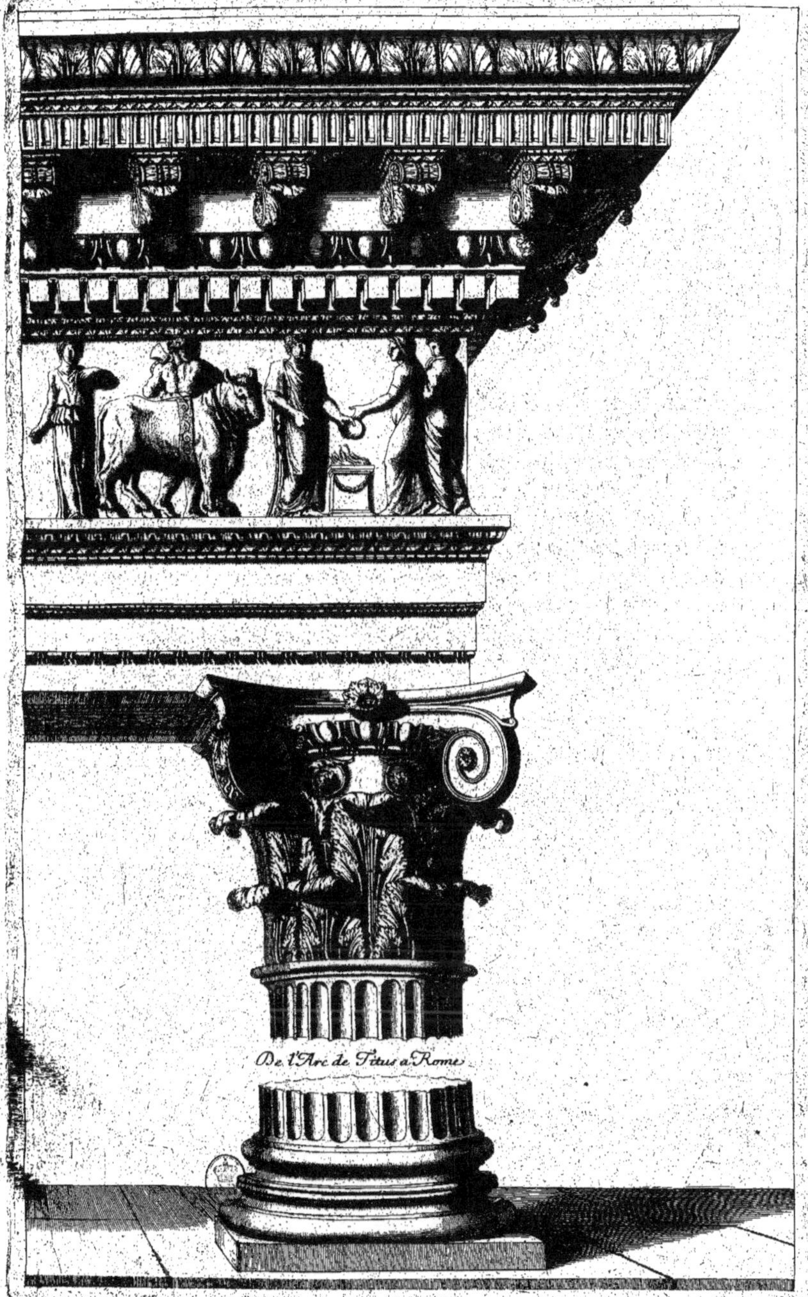
De l'Arc de Titus a Rome

Palladio & Scamozzi sur le Composite.

Chapitre VII.

ANDRE' Palladio en proposant ce profil du Composite, qu'il appelle aussi l'ordre Latin, afin d'en faire vne difference specifique d'auec quelques autres, qui portent le mesme nom de Composite, il nous donne vne maxime generale pour sa proportion, qui est de le faire tout semblable au Corinthien, à la reserue seulement de la forme du chapiteau : Et bien qu'il adiouste, que cét ordre doit estre plus gay que le Corinthien, cela ne se doit entendre qu'à l'égard de ceux qui comme luy ne font la colonne Corinthienne que de neuf diametres & demy ; car il faut que celle-cy en ait toûiours dix.

Le profil de Scamozzi n'a pas tant de grace que celuy de Palladio, & n'est pas mesme si iuste en la regularité de l'entablement auec sa colonne, où il manque trois minutes sur le total, qu'il n'ait precisément vn cinquiéme : car quoy que ce soit fort peu de chose, neantmoins parce qu'il eust esté mieux d'exceder vn peu au delà, que de demeurer trop court, (les antiques ayant donné d'ordinaire à l'entablement vn quart tout entier, ou pour le moins deux neufiémes de la colonne) cela se remarque sensiblement. Le pis est encore, que dans la composition de sa corniche, il a entassé tant de petits membres l'vn sur l'autre, qu'elle en est mesquine & vn peu confuse.

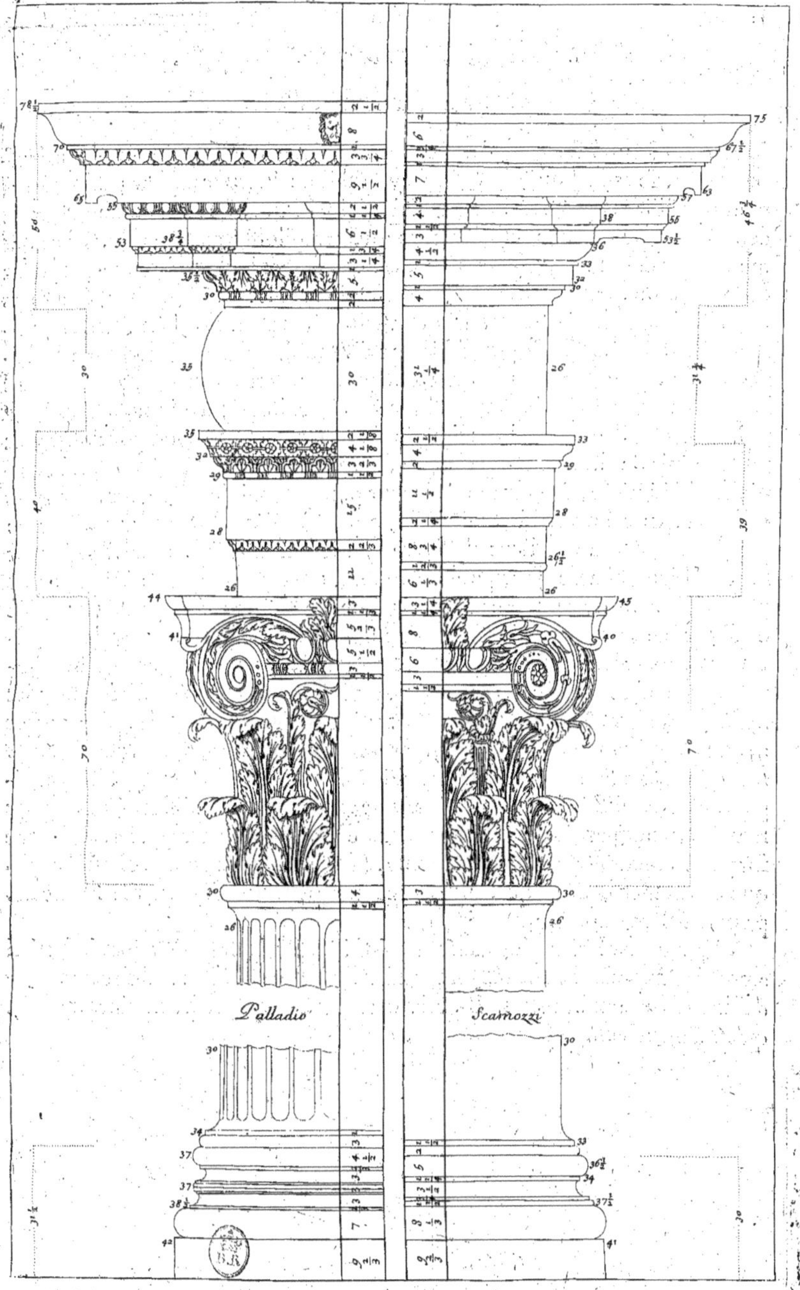
Palladio
Scamozzi

Serlio & Vignole sur le Composite.

Chapitre VIII.

IE suis estonné de cette derniere production du pauure Serlio, lequel iusqu'icy, sous la boussole & le gouuernail de Vitruue, ayant passablement bien conduit les premiers ordres de l'Architecture, s'est venu miserablement échoüer au port, au mesme temps que son pilote luy a defailly. Et ce qui me semble encore plus surprenant, est que le genie de cet homme, qui auoit suiuy vne maniere petite & foible, se soit reuolté en vn instant, & ait pris le change auec tant d'excés. Mon dessein estoit pour son honneur de supprimer ce profil, si ie n'eusse point fait tort à Vignole son competiteur, en le frustrant d'vn grand auantage qu'il remporte en cette occasion, veu que dans les ordres precedens, ie l'ay quelquesfois iugé inferieur. Ie ne m'arresteray point au détail de ce qui me semble defectueux en cette composition, ayant plustost fait de dire en vn mot, que tout y est à reprendre; bien que la corniche soit imitée, & comme l'autheur pretend, suiuie trait pour trait aprés celle du quatriéme ordre du Colisée, qui est vn des plus fameux vestiges de l'antiquité, & vn excellent chef-d'œuure de l'Architecture: mais il faut auoir la teste bien asseurée pour pouuoir monter si haut sans que le iugement en patisse. Il deuoit considerer que ce colosse de bastiment, estant d'vne masse & d'vne hauteur prodigieuse, auoit eu besoin des sophistications de l'Optique, pour paroistre regulier à l'œil, & qu'ainsi il y auroit du mécompte en rapportant les sacomes de ses membres, à vne distance plus moderée, auec les mesmes mesures & proportions. Cette inaduertance l'a fait tomber en vne autre faute plus grossiere, & moins pardonnable; car il pose sur vn chapiteau de sa façon, petit & mesquin, le faiste du Colisée, c'est à dire vn entablement gigantesque, qui fait le couronnement de ce prodigieux edifice. Ce meslange si monstrueux paroist plus icy que dans son autheur, parce qu'il l'a desseigné fort legerement, & en si petit volume, (en son 4. liure, chap. 9. où il explique ce dernier ordre) qu'à peine mesme peut-on discerner la forme des principaux membres.

Vignole a esté bien plus exact, & plus iudicieux en ses desseins, lesquels il a profilez tres-nettement, & en grand volume; ce qui l'a rendu recommandable & vtile aux ouuriers. Il obserue en ce Composite les mesmes mesures qu'au Corinthien.

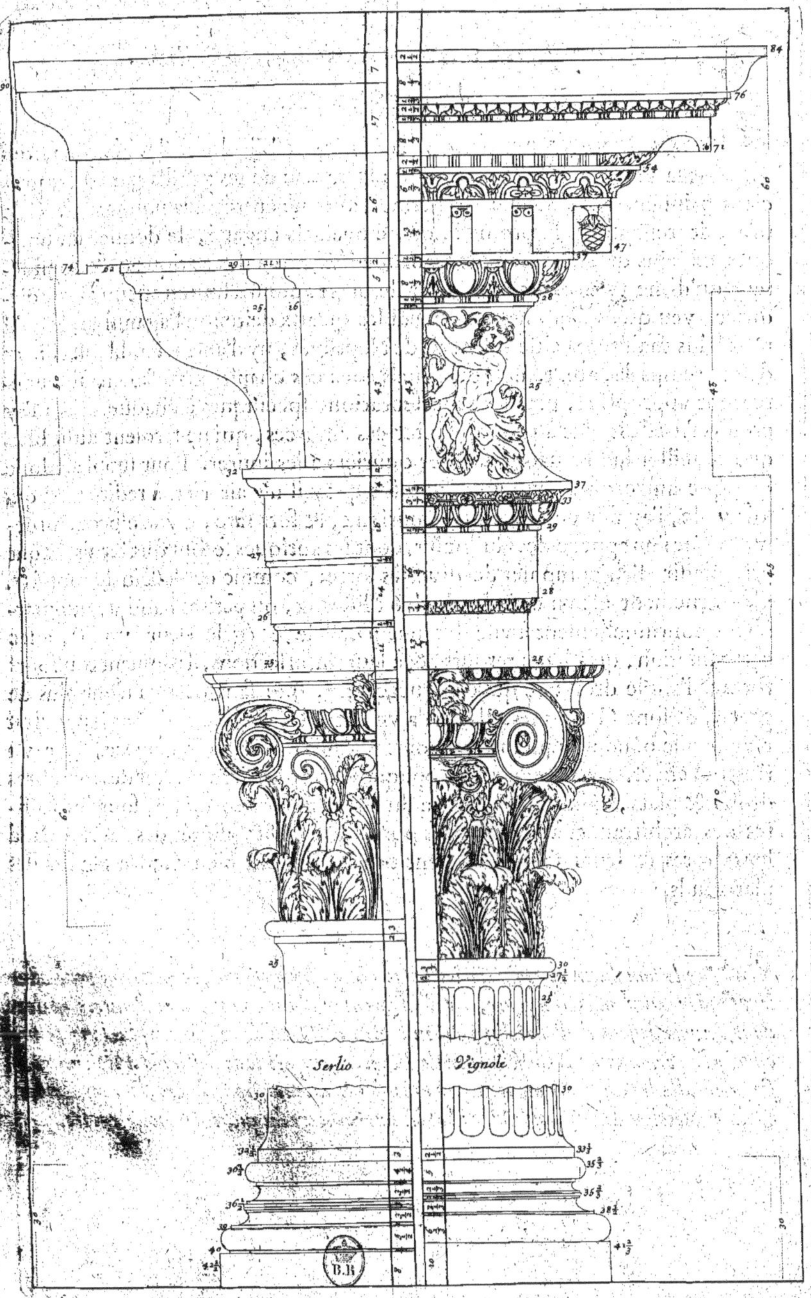
Serlio
Vignole

D'vne espece d'ornemens qu'on nomme des Guilochis.

CHAPITRE IX.

L'ARCHITECTVRE en tout ce traitté, est si ialouse des libertins, qui ont la temerité d'oser corrompre la forme de ses profils par leurs capricieuses inuentions, qu'elle ne permet aucune entrée à la nouueauté. Cela m'a fait repenser à la promesse où ie m'estois engagé, de donner icy quelques desseins de chapiteaux extraordinaires, tirez des antiques; & considerant qu'ils ne sçauroient plus auoir de place auiourd'huy en aucune sorte d'edifice, veu qu'ils n'estoient conuenables qu'aux deitez du Paganisme, & qu'il n'est plus maintenant de Iupiters, de Neptunes, ny d'autres semblables dieux de ces temps-là, aux temples desquels tous ces chapiteaux estoient singulierement appropriez, par des representations specifiques à chaque suiet; i'ay creu qu'il estoit plus à propos d'oster ces amorces, qui ne feroient aussi bien que réueiller le mauuais genie des ouuriers à les imiter. Pour suppleer donc quelque autre chose en leur place, sur quoy il n'y ait rien à redire, & qui soit vtile, i'ay fait vn recueil tres-curieux, & fort rare, d'vne espece d'ornemens que l'on appelle des Guilochis, dont les antiques se sont fort seruis, & ont pris plaisir d'en composer de diuerses sortes, comme ce dessein le monstre. Cét ornement est vn entrelas de deux listeaux, ou petites bandes, qui marchent continuellement à vne distance parallele, & égale à leur largeur, auec cette suiection, qu'à leurs retours, & à leurs intersections, ils doiuent tousiours former l'angle droit; ce qui est si necessaire, que sans cela ils n'ont plus de grace, & sont Gothiques. Il y en a vn entre les dix que ie donne icy, qui est d'vne seule bande, lequel neantmoins remplit fort bien son espace, & a vn tres-bel effect. Les antiques les appliquoient ordinairement sur des membres droits & plats, comme sur la face du larmier d'vne corniche, sous les soffites des architraues, à l'entour des portes, & sur les plintes des bases, quand leurs tores & leurs scoties estoient ornez: Ils font bien encore autour des plat-fonds.

Si i'ay le bon-heur de voir cét ouurage en quelque estime, ie pourray peut-estre le repasser auec plus d'amour, & l'augmenter d'vn bon nombre d'autres estudes dont i'auois dessein de l'enrichir, s'il eust pleu à Dieu de conseruer plus long temps en vie la personne de Monseigneur de Noyers, auquel ie le destinois auec ma version de Palladio, qui deuoient porter tous deux à leurs frontispices, le nom illustre, & la protection de ce grand Ministre, à la memoire duquel ie les vouë encore.

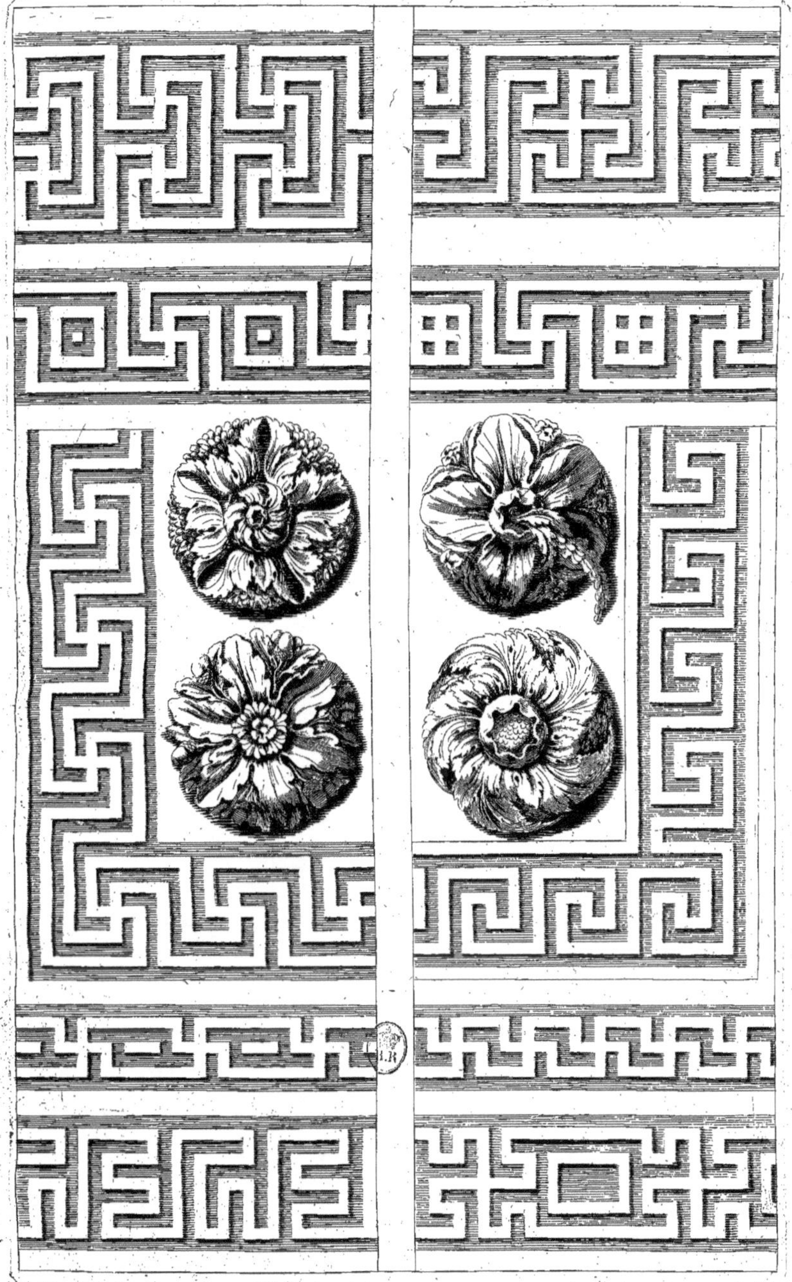

Etymologie ou explication de quelques termes affectez particulierement à l'Architecture.

IL n'y a point d'art qui n'ait ses termes particuliers, dont l'intelligence est absolument necessaire à ceux qui ont dessein de l'apprendre, soit pour en faire mestier tout de bon, ou seulement pour le plaisir d'en auoir la connoissance : & ce dernier est tousiours loüable en qui que ce soit : car les Gentilshommes & les Roys mesme se plaisent souuent aux arts les plus mechaniques, qui deuiennent nobles selon le merite & la qualité de ceux qui les traittent.

Le plus excellent de tous est sans doute l'Architecture, tant pour sa magnificence, que pour la necessité de son vsage : Aussi son nom fait assez entendre qu'elle est la Princesse de tous les arts, si bien qu'elle est digne plus qu'aucun autre de la faueur, & de l'entretien des plus grands Princes. Mais ce qui la rend vn peu farouche à l'abord, est l'obscurité, & pour ainsi dire, la barbarie à nostre égard, de certains mots qui luy sont tousiours restez de la Grece où elle prit sa naissance ; neantmoins aprés les auoir examinez & bien entendus, ils se rendent aussi familiers que les nostres purement François, & luy donnent mesme quelque sorte de veneration. Ie vais éclaircir les plus obscurs, & les rendre intelligibles à ceux qui n'ont pas la connoissance de la langue Grecque.

La Base, qui est le premier des membres d'vn ordre, vient du Grec βάσις, c'est à dire le soustien, l'appuy, ou le pied de quelque chose : ce nom βάσις est tiré du verbe βαίνειν.

Le Plinthe est vne partie de la Base, appellée en Grec πλίνθος, qui signifie vne brique; à cause peut-estre qu'aux premiers temps les Architectes y employoient vne brique ; ou plustost à mon auis parce qu'il ressemble à vne brique.

Le Tore est encore vne partie de la Base, & se nomme en Grec τόρος, c'est à dire vn Tour à tourner en rond, parce que le Tore semble auoir esté tourné au Tour.

La Scotie qui suit ordinairement le Tore, vient de σκοτία, c'est à dire obscurité, parce qu'estant creuse elle prend de l'ombre, & paroist obscure ; On l'appelle encore vne Trochile du mot Grec τρόχιλος, ou τροχιλία, qui veut dire vne poulie, dont elle a la forme.

L'Astragale vient du mot ἀστράγαλος, qui signifie le talon ; aussi quelques ouuriers le nomment Talon.

L'Apophyge vient de ἀποφυγὴ, c'est à dire fuite : la pluspart des ouuriers l'appellent Congé, ou Escape, à cause que la colonne sortant par là de sa Base, commence à monter & à échaper en haut. I'ay tousiours nommé cette partie la Ceinture de la Colonne.

La Volute n'est pas vn nom qui vienne du Grec, mais seulement du verbe Latin *voluo*, lequel signifie tourner : mais la Cathete de la Volute, en Grec κάθετος, signifie vne perpendiculaire, ou ligne à plomb.

L'Abaco du chapiteau vient du mot ἄβαξ ou ἀβάκιον, qui signifie vn tailloir ou trenchoir quarré, à quoy ce couronnement de chapiteau est si semblable, que les ouuriers le nomment aussi communement le Tailloir.

L'Architraue n'est pas vn terme tout Grec, il est encore demy Latin, & signifie la premiere ou maistresse poutre. Il est composé du Grec ἀρχὴ, c'est à dire commencement, & du Latin *trabs*, qui est vne poutre. Les Grecs le nommoient ἐπιστύλιον, c'est à dire, sur la colonne, parce que ce membre pose immediatement sur la colonne.

Le Triglyphe est vn certain ornement qu'on met tousiours dans la Frize de l'ordre

Dorique, il vient du Grec τρίγλυφος, c'est à dire qui a trois graueures, parce qu'en effect cét ornement en a la valeur de trois; deux entieres dans le milieu, auec deux demies sur les costez.

La Metope est vn espace dans la mesme Frize, qui fait la separarion de deux Triglyphes : Le mot Grec est μέτωπον ou μετώπιον, lequel signifie le front ; parce que dans cét espace on mettoit souuent des testes, ou des massacres de beufs. D'autres veulent que son etymologie se prenne de μετ' & de ὀπὴ, comme qui diroit, entre les trous ; parce que l'espace où l'on appliquoit cés testes, se trouuoit entre les trous par où passoient les soliues, le bout desquelles estoit figuré en maniere de Triglyphes.

La Cymaise vient de κυμάτιον, qui veut dire vne Onde, dont cette partie semble former quelque representation, par la sinuosité flexueuse de son contour. Elle est appellée communement par les ouuriers vne Gueule, ou vne Doucine. Il en est de deux especes : La premiere & la principale a sa cauité en haut, & fait tousiours le couronnement de la corniche d'vn ordre ; d'où vient qu'on l'appelle d'ordinaire l'Entablement, parce qu'elle en est le premier membre : quelques ouuriers la nomment la Gueule droite, pour la distinguer de la seconde, qui a son contour tout au contraire, & sa cauité en bas ; de sorte qu'elle paroist renuersée à l'égard de la premiere : on l'appelle aussi pour cét effect la Gueule reuerse. Mais ce mot de Gueule ne sonne pas bien en nostre langue, & comme il ne vient que de l'Italien *Gola* qui signifie seulement la gorge, à quoy il semble que ces Doucines ont quelque rapport, i'ay mieux aymé me seruir de nostre terme qui est plus doux, & laisser aux Italiens leur *Gola* dont nous n'auons point affaire.

FIN.